日本精神科名醫
爲原生家庭創傷
打造的
暖心處方

以愛為名的
溫柔暴力

日本家庭問題精神科名醫
齋藤學——著
木附千晶——構成
賴惠鈴——譯

推薦序

吳東彥　靜馨心理治療所心理師、
臉書「創傷、發展與療癒」創建人

父母親最大的任務，說穿了其實很簡單，就是讓孩子能夠活著。然而，究竟什麼是「活著」？

要讓孩子活著，並不是一件困難的事情，只要提供足夠的食物、保暖的衣服、營養、住所等，孩子便能夠活下來。但是，我相信絕大多數的父母親所期待的絕不僅止於此種「存活」。父母親除了希望孩子能夠健康成長之外，通常也期待孩子也能夠有能力活得快樂、享受生活、投入人生。

但是，有許多因素都很可能導致孩子只能「存活」，但卻無法以一個人的狀態好好「活著」。例如：許多曾經遭受到家庭暴力、性侵害、遺棄、疏忽，或是霸凌等創傷經驗的人，他們便常常提到自己每天都如同行屍走肉。他們早已忘記什麼是快樂，他們也無法找到生命的意義。

除了前述的嚴重創傷之外，其實還有另外一種心理壓力及創傷，雖然也會嚴重影響孩子的身心發展，但卻更不容易被察覺，即這本書所探討的「溫柔暴力」。

什麼是溫柔暴力？溫柔暴力又會帶來何種影響？

相較於肢體暴力、性暴力、虐待、疏忽等照顧方式，溫柔暴力通常是指：「父母親以愛為名，行控制之實」。例如：父母親因為自身的不安及孤獨，而時時將子女綁在自己身邊，並阻止他們離家發展。或是缺乏自信的父母親，也很可能透過包裝、追求子女的成就，讓子女成為父母親的自我價值感來源。在諸如此類的情況中，子女們通常要承接父母親的期待，成為父母親的代言人，卻無法長成自己。雖然如此，他們卻因同時受到父母親的百般呵護與照顧，使得這種「溫柔暴力」相較於一般形式的暴力，更不容易被察覺。在這樣的情況下，子女們通常也會對於親子關係感到混淆。他們很可能隱約感到無法「做自己」，但又礙於父母親的照顧及栽培，而無法放心對父母親生氣或抱怨。久而久之，這些子女通常只能選擇壓抑自己的情緒。

一旦人過度、長期壓抑情緒，那麼就很容易與自己的情感脫離，成為一個情感麻木，或是內心常感到空虛的人。長此以往，當這些人成為了父母親，他們很可能如法炮製地將空虛感轉嫁給自己的子女，利用子女來填補自己的心靈。或是他們也可能將自己空洞的心靈託付給酒精、藥物、網路，而形成許多成癮症狀。光是想到這裡，就令人感到不寒而慄。

那麼，要如何讓自己的孩子不僅能夠存活，更是能夠好好活著呢？齋藤學醫師在本書《以愛為名的溫柔暴力》中提到，最重要的關鍵或許就在於：父母親在愛與管教孩子的時候，不讓他們失去與內在小孩的連結。為什麼內在小孩的存在如此重要呢？我認為：縱使我們長大成人，但我們仍能讓內在小孩持續活躍時，即便我們面對每日枯燥、繁忙的成年生活，我們仍能跟隨著內在小孩的帶領，發揮我們的創造力與想像力，或是仍能保有快樂的能力。除此之外，內在小孩的存在，亦能幫助我們當哭則哭、當笑則笑、當喜則喜、當悲則悲。換句話說，也就是能夠讓我們活在當下，感受、享受自己的每一個片刻。如此一來，這或許就是好好地「活著」吧！

前言

我最近正在推動的工作，是重新將「依賴共生」定義為「無法愛自己的病」。所謂的「依賴共生」（co-dependency）也稱作「共依賴、共依附」，原本是用來形容為了阻止酒精成癮症患者（alcoholic）喝酒，結果反而助長對方喝更多酒的人。我常說依賴共生是「需要被別人需要」，這次我將依賴共生重新定義為「觀察別人的願望、期待，且永遠都在努力為了達成別人的願望、期待而活」。

當然，人類本來就是這種生物，但如果必須做到犧牲自己的地步，或是因為跟那個人扯上關係而對其他身邊的人（例如配偶或子女等）帶來有害的影響時，就會冠上「症」這個字。一旦變成依賴共生症，就表示自己（self）還不夠成熟。

以治療依賴共生及心靈創傷聞名的派雅・梅樂蒂，有一本著作《當愛成了依賴》（*Facing Love Addiction*），書中提到「依賴共生症患者難以愛自己」的五項目。

(1) 無法體驗到適度的自我評價，不懂得愛自己。

(2) 無法劃清人我之間的界限，不是入侵別人的領域，就是容許別人入侵自己的領域，不懂得保護自己。

(3) 無法正確理解與自己有關的現狀（自我認同有問題）。

(4) 無法正確告訴別人自己的需求，不懂得照顧自己。

(5) 無法根據自己的現狀（年齡及狀況）應對進退，不懂得表現自己。

這些特徵都跟因為家庭有問題而來找我求助的人不謀而合。在我看來，日本的家庭正是孕育出這種依賴共生、妨礙家人建立自我的溫床。

人們總想用回憶將自己成長的家庭美化成溫暖之地，自己是在父母的愛包圍下長大，因為這樣才能確保內心的安全。問題是，真的是這樣嗎？身為處理酒精成癮症的臨床醫師，我不斷感受到「家人」與「暴力」有著切也切不斷的孽緣。

最初引起我注意的是一直被喝醉的丈夫拳打腳踢的妻子們。「都已經被揍成這樣了，這些女性為什麼還不離婚呢？」簡直不可思議。在我幫助她們重新活得像個人的時候，她們身邊總是伴隨著一個或一群「沉默的被害人」，那就是她們的小孩。更令我震驚的是，那些孩子竟然被排除在社會的救援網之外。這也是我踏進兒童虐待這個領域的原因，我還把這部分的心得整理成《兒童虐待》（子どもの愛し方がわからない親たち）這本書。

個人認為，家人本來就是暴力且拘束的關係，只是用「親密關係」來粉飾太平罷了。家庭是男人可以打女人、大人可以對小孩為所欲為的空間。尤其是父母對子女的暴力，假「教育」及「指導」之名在法律上也得到認可，甚至被視為養兒育女的必要之惡，反過來受到推崇。

近年來，暴力的控制在各式各樣的場合都明顯受到抵制。除此之外，日本兒童保護機構的相關諮詢案件高達十六萬件，勢態之嚴峻使對兒童施暴的大人成了被取締的對象。

然而，在名為「父母期待」的保護傘下，父母對子女行使的最大暴力仍無聲地侵蝕著日本的家庭，讓孩子們苦不堪言。

如同現在還有人搞不清楚狀況，所謂虐待，不只是拳打腳踢這種一翻兩瞪眼的暴力，大人利用小孩滿足自己的私欲也是暴力，也是虐待。

舉例來說，假如夫妻感情不睦，已經沒有必要再在一起的時候，「為了小孩」維持婚姻，甚至想藉此修復夫妻關係的話，就是在利用小孩。被捲入夫妻衝突的子女等於是父母宣洩憤怒的出氣筒，有時還得安慰不幸的父母。

深信是「為了小孩」而強迫孩子學才藝、帶孩子上遍各種補習班、讓孩子考上名校，這種教育虐待也是在利用小孩。孩子們也知道父母「為了自己」拚命兼差、撙節生活開支才能擠出補習費，所以認為自己必須「感恩戴德」，只能努力讀書以滿足父母的期待。

當不幸的父母或拚命想往上爬的父母把子女當成自己的存在意義，對子女的成長與成功產生過度的期待時，子女就會被父母的期待綁住，失去自己的人生。這一切都是握有權力的父母利用子女離開父母就活不下去的弱點，利用小孩、對孩子進行情緒上的虐待。

只不過，這一類的暴力經常都裹著以「愛」為名的溫柔糖衣，不容易發現。無論是施暴的人，還是被施暴的人往往都沒有自覺。麻煩的是，名為家人的束縛會讓每個家庭成員都視自己為家庭的一分子，導致現代每個人都被迫要成為一個「對家人有益處的人」（好父親、好母親、好孩子）且習以為常。

據我所知，日本的小孩，包括以前曾是小孩的大人，為了博得「好孩子」的美名，會過度尊重、順從規範，採取過度配合的態度。在背後支撐這種規範至上主義與過度配合心態的，其實是擔心自己被擠出「一般人」行列的恐懼感，與老奸巨猾的權力欲，也就是想成為更有價值的商品，讓自己在名為社會的市場上更有身價。

小家庭、少子化，以及自九〇年代後期開始愈發嚴重的M型化社會也加強了上述的傾向。因為少子化，父母對子女的期待與託付簡直變得前所未有地巨大。而身處只要走錯一步，就會從目前的社經地位滑落的M型化社會，也讓父母認為自己必須從小培養孩子因應未來的能力，認為將孩子培養成能從競爭中勝出的人物、至少要讓孩子過上與「一般人」無異的人生，正是父母的「愛」，也是父母的任務。

教育成功或失敗也會影響父母的身分地位或退休後的生活，所以大家都拚了老命。生兒育女如今儼然成為父母在人生競爭中至關重要的戰術，人們開始非常慎重地選擇對象、計畫結婚及懷孕的時機；對於要生幾個小孩、小孩的人生軌道、小孩的未來描繪設計圖，並且希望孩子能照自己畫的設計圖過日子。

由於生兒育女的目的變成為了邁向成功、讓自己的人生更圓滿，因此父母會要求子女扮演好自己期待的角色。即使嘴上不說，也會透過態度或眼光要求子女成為父母期望的「好孩子」。

於是子女從小就得背負著一個或好幾個重擔，成為父母帶在身邊的洋娃娃，代替父母完成他們完成不了的願望，成為父母的驕傲，傾聽父母的抱怨，甚至成為父母權力下的奴隸等等。

在重視效率的競爭社會裡長大的男女，通常在還沒產生「想建立夫妻間親密關係」的心情，也不具備此技術的情況下，就結為連理。這類夫妻會藉由依賴子女、將自己的夢想寄託在子女身上，來勉強維持夫妻間的交流。夫妻間溝通不良也會感染到子女，讓整個家籠罩在不要惹事生非、懂得察言觀色、盡量滿足對方期待的「溫柔」氣氛下。

在這種家庭中長大的小孩，會變得無法表達自己的欲求或那些孩子氣的感受。漸漸地他們不明白自己想要什麼、想做什麼，最後只能選擇沒有自我，將觀察別人的期待、滿足別人的期待視為人生目標，也就是選擇依賴共生的生活方式。

一個人不明白自己的情緒，自然也不容易跟別人進行情緒上的交流。他們變得極端在意別人的眼光（評價），所以也很難坦率地表現自己，成為總是與孤獨、寂寞為伴的人，無論如何都學不會活出充滿自我風格的豐富人生。

剝奪子女「神采奕奕地活出充滿自我風格的人生」是不折不扣的暴力。因為愛孩子，所以干涉、控制、期待、要求他們——當今日本或許只有極少數的家庭能免於這種「溫柔暴力」。

時至今日，在這種乍看「得天獨厚」、「理想的家庭」裡長大，卻感覺很寂寞、活得很辛苦而來向我求助的「普通人」，依然多不勝數。

二〇二〇年八月　齋藤學

目錄

第2章

名為「母親」的詛咒

第3章

喪失功能的家庭

第4章

做人不一定要有貢獻

第5章

不如就安心擺爛吧

第6章

「沒用的自己」也有力量

第7章

將煩惱變成語言就能嘗試化解

第1章

以「愛」與「期待」為名的溫柔暴力

№ 01

除了「出言辱罵」，
「利用小孩」、
「讓兒童受到不合理的對待」
也是兒童虐待。

並不是愛孩子的父母就不會虐待兒童

提到虐待兒童，多數人的概念都是對兒童的身體拳打腳踢，但情緒上的虐待也是不折不扣的兒童虐待。

「兒童虐待」的英文是「child abuse」，abuse本來就不只是對身體造成的傷害。因此所謂的兒童虐待並不是少數人的問題，即使大部分父母深愛著孩子、也相信自己深愛孩子，不見得就不會虐待兒童。換句話說，正因為愛孩子，才對孩子有諸多干涉、控制、期待、要求，這些情緒對孩子都是「溫柔的暴力」，而能免於這種「溫柔暴力」的家庭其實少之又少。事實上，大部分來找我諮詢、尋求解決辦法的人，都來自世人口中「極為平凡的家庭」，毋寧說都是些出自於「健全」、「理想」的家庭成員。

有太多案例是以「愛」為名的控制，而這種控制卻對家人造成堪比暴力的影響。從這個角度來說，我認為家庭本身就是一種暴力裝置。倘若這種形容聽起來過於極端，或許可以改成「隱含暴力的裝置」。家庭之所以會變成隱含暴力的裝置，導火線之一是夫妻雙方的需求沒有被滿足，這時夫妻關係就會喪失功能。說得直接一點，當夫妻感情出問題，已經沒有再在一起的必要時，就會拿孩子填補關係的裂縫。

我有遇過丈夫或妻子都宣稱是「為了孩子」，繼續維持幾乎已經毫無意義可言的夫妻關係，還會把潛在的夫妻問題偷換概念，變成是孩子的問題，假借「想為孩子做點什麼」的藉口來找我商量。他們大概真心以為自己是為了孩子，但以這種方式利用小孩完全是一種濫用。當孩子被捲入夫妻間的衝突，有時候會淪為父母發洩憤怒的出氣筒，遭受暴力；或是不得不扮演安慰不幸父母的角色，將自己的需求或孩子氣的情緒表現束之高閣，從此就為滿足父母而活。當不幸的父母把子女當成自己的生存價值，對子女的成長及成功抱有過度的期待，子女就會被父母的期待綁住，失去自己的人生。這一切都是握有權力的父母利用孩子離開父母就活不下去的弱點，利用小孩；而對子女進行情緒勒索的暴力，就是兒童虐待。

№ 02

「自我」的存在核心，
是從父親形象、母親形象的鏡子裡
反射而來的自我形象。

若父母在心中對立，孩子就會失去「自我」

父親與母親的形象存在於我們每個人心中。只攻擊父親的人，或是正好相反，對父親讚譽有佳的人，他們的思緒背後一定有母親的影子。另一方面，或許非常非常淡，只提母親的人心中肯定也隱藏著對父親的想法。由此可見，父母對子女的影響非常巨大。

父親及母親都是形塑那個人（自己）的重要人物，一旦父母在心中產生對立，就等於「自己不存在了」。當我們坦然接受「自己能當爸爸媽媽的孩子，真是太好了」，我們才第一次擁有名為自己的存在；擁有名為自己的存在後，我們才能得到喜怒哀樂等活生生的情感。

在母子關係過於緊密的狀態下養育子女，或是在父親缺席的情況下養育子女，子女會在不知不覺間產生「我葬送了父親」這種幻想的罪惡感。

孩子如果可以直視這種罪惡感，認清「那只不過是一種幻想」，接受「這樣想才是罪孽深重的事」，加以補償，或許也能擺脫罪惡感的糾纏。但如果母親不肯面對現狀，甚至一心只想逃避孩子的情緒，母親就會正當化自己的行為，陷入「無論我做什麼，孩子都應該愛我、原諒我、保護我」這種類似強迫觀念的迷思。

被這種母親帶大的孩子，會將母親視為「萬能的活菩薩」，並且在母親這面有如神明的鏡子裡反射出自己，透過與母親等量齊觀的角度，享受與母親一心同體的快感。人生在世，偶爾也會暫時需要這種快感，然而母親一旦變成必須永久存在的鏡子，事情就會變得很嚴重。因為與萬能的母親一心同體的孩子，心裡會下意識地埋藏著消極的種子；萬一母親變成扭曲的鏡子，就只能以憤怒的方式來表現情緒。

如果心裡一直指責父母，孩子就無法勇敢地譜寫出自己的人生故事，如此一來也就無法產生「被拯救」的心情。

「父母對子女是很重要的存在，缺一不可。」

雖然是既平凡又通俗的結論，但事實就是如此。

№ 03

「好孩子」是日本最常見的成年兒童。

在父母及世人「無形暴力」的控制下變成「好孩子」

負責治療及援助成年兒童（Adult Children，ＡＣ）的專家，很容易把焦點放在那些配合別人的欲望而活的「沉默的ＡＣ」，但我認為就算是對他人採取明顯攻擊態度的ＡＣ，也需要被更深刻地理解。

乍看之下兩種ＡＣ的家庭好像是對立的，但只要仔細觀察他們的溝通過程，就可以知道如果要讓孩子走上「為自己活」這種充滿創造力的人生，到底需要做些什麼，那就是讓孩子發揮自己與生俱來的能力，並且與其他人及社會建立關係。我們已經知道，大部分充滿攻擊性、誤入歧途或參與犯罪的年輕人，其實都曾是兒童虐待中的被害者，或遭受過父母的暴力，因此我們可以理解，他們的攻擊性可能源於這些慘無人道的體驗所產生的創傷症候群。

充滿攻擊性的年輕人最常被提及的問題，以前稱為「家庭暴力」，現在稱為「青春期子女對父母行使的暴力」。我們必須理解，那些只對父母表現出攻擊性的年輕人，問題可能不是只有孩子自己的病症。頂著專業頭銜的人應該更有自覺，就算把對父母施暴的年輕人冠上思覺失調症或人格障礙之類的診斷名稱，也沒有任何效果，反而會讓身處痛苦中的當事人及其家人遠離適當的援助，我們應該認清這其實是一種傷害。最重要的並不是如何減少、壓抑暴力的曝光，而是正視這個家庭裡存在著溝通不良的問題，因此不得不把暴力當成一種溝通訊息；而根本原因正是因為全家人都處於依賴共生、互相支配的狀況下——這才是事實。

為了聚焦在這一點，去觀察「好孩子」們的價值觀、他們的生活方式、與家人的溝通就變得很有意義。

我們對「好孩子」的想像，通常是與暴力無緣，對父母言聽計從，說是「沒有感情」也不為過的孩子。不過不妨回想小嬰兒紅著臉哭得驚天動地，害父母不知所措的樣子，就不難發現世界上根本不存在一生下來就對父母言聽計從、任憑父母擺布的「好孩子」。所有的「好孩子」都是在父母、世人「無形的暴力控制」下變成「好孩子」的。無論社會大眾對他們的父母如何稱頌「懂教育」、「民主開放」、「對孩子很溫柔」，從用權力壓制孩子的角度來說，這些父母都在虐待小孩。

№ 04

有飲食障礙的女孩都很努力又堅強，
甚至會激發出父母的期待；
但根本上她們其實是過度在乎父母期待的
軟弱「好孩子」。

「理想家庭」的女兒多半都有飲食障礙

飲食障礙的病例中，有許多厭食症患者都是來自人稱「理想家庭」的女兒。父親有一定的社會地位，母親也是典型的賢妻良母，可能還有個就讀於私立名校、正準備報考最高學府的弟弟。要達到那種家庭的要求，女兒其實很辛苦。

我在飲食障礙者的聚會上頭一次聽到「斑比」這個名詞。「斑比」是指他們眼中軟弱的一般人，而她們全都野心勃勃，企圖在東京灣沿岸豎立自己的女神像。這是她們的「主流」願望，所以她們很討厭「一般人」。

如果是父母不抱期待的「平凡女孩」，大概就不用背負這麼沉重的負擔；另一方面，如果孩子擁有強韌的精神力，敢一腳踹開家人的期待，這種人想必也沒有問題。問題在於這些飲食障礙的女孩都是被父母的期待五花大綁的「好孩子」，所以活得幾乎喘不過氣來。

沒錯，理想家庭往往讓人喘不過氣，因為太無懈可擊了。家人這種關係，最好有一定程度的破綻、有點不好的地方、有些丟臉的部分。如果沒有一絲破綻，到了青春期孩子就無法離開父母。如果家人之間的凝聚力太強，孩子會抱怨「我們家真的很窒息」，但理想家庭的孩子連這種話都不會說。他們不會抱怨，也不會發牢騷，只是無聲無息地一直消瘦、憔悴下去。

理想家庭這個字眼其實是一種反諷，並不是真正的理想狀態。所謂的理想家庭是指每個家庭成員都對其他家人很溫柔的家庭。這種家庭很重視「沒問題」、「不要爭吵」，進而形成一種無言的默契。因為太尊重這個默契，反而令人窒息。感覺像是先畫出理想的樣子，再去扮演那個理想的樣子。

因為過於重視維持這種家庭氣氛，每個家人都在不知不覺的情況下消滅自己的欲求，陷入抹煞感情的狀態。

№ 05

順手牽羊的理由之一，
是因為得不到
「自己真正想要的東西」，
而一直處於飢餓狀態。

孩子真正想要的其實是父母的肯定

飲食障礙的女孩很多都有順手牽羊的毛病。根據她們的告白至少有三成左右，但實際上高達七成左右的孩子都偷過東西，事實上沒偷過東西的小孩還比較少也說不定。

順手牽羊的其中一個理由，是因為得不到「自己真正想要的東西」，也就是父母的肯定。他們希望聽到父母說「這樣就行了」——「不用那麼努力，這樣就行了。」只是想從父母口中聽到這句話罷了。

罹患暴食症的女性曾跟我說：「我想我一直在內心深處問著：『媽媽，我這樣可以嗎？』」她們希望被肯定，想聽到「真不愧是〇〇」的讚美，而被這樣的欲望追著跑。

上述對肯定的飢餓感就會誘發順手牽羊的行為。順手牽羊意味著取回失去的東西，但順手牽羊會被抓，被抓就得通知父母。我觀察了一下，發現她們順手牽羊的目的有時候就是為了被抓，而不是為了得到什麼；而且這麼一來會害父母丟臉，所以大概也有向父母報仇的意味。

更重要的是，還可以藉機釋放說不出口，也不敢在父母面前表現出來的「另一個自己」，還能藉由被抓，來處罰自己心中那個害自己順手牽羊、暴飲暴食後又催吐的劣根性。

她們感受到，自己只有好孩子的那一部分其實很空虛、很虛偽、很寂寞，所以才會表現出惡劣的那一面。可以說是一種不完全的多重人格，因為本來就是勉強自己扮演好孩子，才會變成這樣。因此對她們的治療，是要讓她們放棄好孩子的那一面，以充滿彈性的態度面對她們——「吐出來也沒關係」、「偷東西也沒關係」（當然不是沒關係）。至少要理解她們「生病了」；如果要跟她們說話，千萬不要罵人，而是說「妳很煩惱吧」。

她們順手牽羊被發現的時候，會很擔心大家都瞧不起這樣的自己，或者自己會被拋棄。這時如果父親能說「這樣啊，原來妳這麼痛苦啊」，母親能婉言安慰「妳現在這樣就很好了」，光是這句話，有時就能解決一切的問題。

№ 06

對孩子們而言，
「父母的期待」
是讓家庭變成危城的主要因素。

肉眼可見的虐待反而較容易被發現

根據某家庭社會學者的定義，家庭是指「家庭成員藉由住在一起來滿足各自的需求」。

說到「人類的基本需求」，「安全感」高於食欲和性欲。身體及情緒都要保持在安全的狀況，人才會產生食欲和性欲，但是連最基本的條件都滿足不了的家庭其實並不罕見。

人總想用回憶將自己成長的家庭美化成溫暖的環境，自己是在父母的愛包圍下長大，因為這樣才能確保內心的安全。問題是「每個人的家庭都是充滿溫暖與愛的空間」並不真實。

我們在討論到現代人的家庭時，經常都會從充滿危機感的角度出發，說些

「家庭正分崩離析」、「家人之間的關係很薄弱」之類的話。換言之，這是指原本應該要團結一心、完美無缺的家庭不復存在。不過實際上，家庭本來就不是那麼牢固的關係，也沒有安全到非要團結不可的地步。

若要讓我定義，我認為家庭是「男人可以打女人，大人可以虐待小孩的地方」。有些行為依照公平正義可能要接受法律制裁，發生在家裡卻不會受到指責。

近年來狀況看似多少有些改變，但像以前，遭到丈夫拳腳相向的妻子即使打電話報警，警察也只是在門口看一眼就走人的怠慢，仍時有所聞，理由是「夫妻之間的事請你們自行解決」。如果是好好說就能解決問題的關係，有必要打電話報警嗎？但是在大部分的情況下，這就是世人對家庭暴力的反應。更別提父母對子女的虐待，只要以「教育」或「指導」為名就能得到法律上的認可。即便如此，如果是訴諸拳腳的暴力還算好的，因為被發現的機率比較高。

另外，最近還有一種心理上的虐待是在小孩面前打老婆，亦即「夫妻吵架也屬於兒童虐待」，導致兒童保護機構要處理的虐待案件居高不下。

然而，父母對子女行使最大的暴力其實是「父母的期待」，這個問題至今仍未受到重視。「父母用期待控制子女」這種「無形的虐待」今後也會繼續被放任下去。

№ 07

我認為日本的男人終其一生都背負著「甩不掉的背後靈」。

不把期待說出口的母親，要孩子自己意會

我家附近有間S紀念館，紀念館前有座老婆婆緊緊巴在老人背上的銅像，那老人提起一隻腳，正要踏上台階，真是令人毛骨悚然。我查了一下那座銅像的典故，發現是舉世聞名的細菌學權威野口英世和他的母親。透過野口英世與其母的關係來描寫他這一生的電影《遠方落日》（松竹發行，一九九二年上映）裡，最後一幕也是野口英世的母親趴在他背上的畫面。

在日本，這是理想的母子關係典型：將一生奉獻給孩子、已經走不動的母親，巴在出人頭地、成為英雄人物的兒子背上。有許多日本母親都變成了這種「甩不掉的背後靈」，日本男人也將背起自己的母親視為一件理所當然的事。

根據某位學者參與的日美比較調查指出，「日本的母親與子女在物理上、

心理上的關係都比歐美的母子緊密」、「距離比較近」、「母子是一體的」，因此「彼此很容易產生共鳴，可說是相互依賴的關係」，還舉出了罵小孩的方式當例子。

根據這項調查，美國的母親多數會正面表現父母的權威，「給予明確的指示、命令」；相較之下，日本的母親則以「不會直接下令，而是訴諸於個人情緒，讓孩子體會母親的言下之意」的做法占多數。

日本的母親確實很少說「我希望你這麼做」或「我希望你變成那樣」，而是由兒子主動推敲「母親希望我怎麼做」、「母親希望我變成怎樣」。反過來說，母親可以透過沒說出口的話徹底控制兒子。至於這類母親對兒子有什麼期望，基本上無非是廣義的安身立命、出人頭地。當兒子搭上母親期待的「出人頭地軌道」，兒子通常會變得神采奕奕，因為母親也笑瞇瞇地為自己高興。但如果遇到挫折，兒子會對母親感到抱歉，像是學校的成績如果不太好，母親就會一臉沮喪地嘆氣。從此以後，兒子「抱歉的妄想」就開始了。

說到母親為何期待兒子安身立命、出人頭地，是因為母親只能透過這種方法來證明自己。母親把自己的夢想和野心全都託付在子女——尤其是兒子身上。

№ 08

若背著神話走在自己的人生路上，自己的人生故事將脫離自己的掌握，迎來悲慘的結局。

內心受上個世代價值觀束縛的孩子

如果在幾十個人的演講會場上問：「府上有什麼神話？」大概會有幾個人舉手回答。內容基本上不外乎平家的遺族、清和源氏、知名將相小妾的遠親末裔之類的故事。硬是再往前追溯的話，只要是日本人，通常都會回溯到源平藤橘這四家其中之一，再往上則追溯到天皇家。這些故事是家族神話最單純的原型，與血統有關。至於血統神話要往哪裡去，最後絕對會導向「別跟那些平民老百姓交往」這種高高在上的結論。

舉例來說，假設有個人不知道為什麼，總是高高在上；明明毫無根據，卻說「我跟其他人不一樣」。一問之下，他才說：「我爺爺以前讀到了舊制的中學。」以前的人確實頂多只能讀到高等小學，所以能從舊制中學畢業，的確會給人很了不起的印象，接著再慢慢地傳成「那個人是天才」。這種神話只有在那個人出生、長大的地方行得通，一旦離開那個一畝三分地就成了笑話。

若提到Y縣某市的「大企業」，就只有愛知縣豐田市一個。畢業自東京大學，進入那家大企業工作的話，在某市確實是很傑出的菁英。能與那位菁英結婚的對象，想必是從那個地方的名門女子高中畢業，再從還算有點名氣的短期大學畢業的女性。這對情侶將成為當地最優秀的家族。當這家人搬到東京，住進大企業位於東京都世田谷區分公司的員工宿舍，就會變得非常格格不入。

對那家人的子女而言，就讀於世田谷區小學的同班同學都是「住在附近的平民老百姓」。可是班上同學並不曉得事情的來龍去脈，只覺得「那個轉學生跩什麼跩啊」。漸漸的，轉學過來的孩子開始受到周圍的排擠，最後變成拒絕上學的小孩。而在大企業上班的父親因為工作很忙，無暇顧及孩子及孩子的母親（妻子）是什麼樣的心情。不僅如此，從名門女子高中畢業的母親還覺得自己必須保護家族的傳統，不能讓我們家的小孩跟附近的平民老百姓一起玩，而代替父親熱心地告訴孩子家族的神話。這麼一來，孩子將漸漸染上母親的價值觀，與周圍的價值觀產生落差。

心靈受到上個世代的支配，信奉那些故事的同時，也讓自己陷入絕境。因為這樣而來找我求助的人多不勝數。

第2章

名為「母親」的詛咒

№ 09

今時今日，
成為母親這件事，
意味著要用「失去」
來換另一種體驗或工作。

藉由育兒找回當母親後失去的東西

在過去的日本社會，男女有明確的文化差異。男人要在外面工作養家，所以必須具備自立的能力，女人則為了被男人選上，必須打扮得漂漂亮亮，努力學習當個新娘子，並以做家事、生兒育女、支持男人的人生為美德。然而時至今日，這種男女間的楚河漢界已經變得愈來愈模糊。女人以容貌及性吸引力博得好評的機會還是比男人多，可是在以聰明才智或業績受到好評方面，男女之間的差距已經逐漸縮小了。

受到這樣的影響，在青春期、少壯期與男同學並肩學習、與男性平等地邁向自我實現之路的女性一旦懷孕，便要突然面對跟過往大相逕庭的價值觀，即使發生自我認同的混亂也不奇怪吧。成為母親之後，一路建立起來的「我」被母親的自我認同吞噬了，這也意味著「『我』的死亡」，會在內心引起強烈的衝突。

母親等於突然闖進另一個世界，而與小孩生活的空間，也相當於切斷了外界的人際關係，形成只有母子兩人的小宇宙。近在咫尺的父親偶爾會來看小宇宙一眼，但看到母子倆和樂融融的樣子就放心了，等於只是在小宇宙的外圍繞了一圈。對這種父親來說，很難看見小宇宙裡發生了什麼事，也很難意識到母親內心深處的焦慮。

事實上，「懷孕、生產、育兒」與「將女性隔絕於社會活動之外」其實是同義詞，女人必須因此放棄或縮小這輩子辛苦建立的社會關係，與自我實現的活動。只有少數女性能在休完產假、育兒假之後重新回到原本的職場乃至於職位，大部分女性都不得不選擇在經濟上、社會上依附丈夫過活，這麼一來，便傷害到女性過去獨立自主、與社會互利共生的自尊心。

女性本人或許沒有自覺，但確實因為懷孕、生產而「失去」了某些東西。

上述的喪失體驗會讓女人產生想拿回人生自主權的動機，導致女人在腦海中拿捏著成為母親後「失去了什麼」、「得到了什麼」之間的平衡，並試圖在成為母親這件事裡找到足以彌補這份「犧牲」的意義或成就感。這點很類似男人會受到「成家立業、負起養活妻兒的重擔」與「因此得到的安定及信賴」之間的平衡左右。

№ 10

當母親明確地意識到「我」這個主體時，「我的孩子」便成為可以在自由範圍內任意擺布的存在。

過分緊密的母子關係將形成不尋常的小宇宙

在女性的意識裡，「成為母親」已漸漸從建立婚姻及家庭中獨立出來，成為一種選擇。大部分的女性無疑都相信是自己選擇、自願成為母親；一旦產生「成為母親其實是一種選擇」的意識，便知道自己可以選擇積極地生產，也可以選擇不生。為了減少人口暴增，避孕知識已經頗為普及，墮胎也合法化了。根據有些家庭的文化，甚至可以由夫妻倆決定想生幾個小孩或什麼時候生產。在這個懷孕、生產都可以控制的時代，女性開始意識到成為母親是一種「選擇」。

在不生小孩作為女性可以選擇的一種生活方式之前，已經先有一段可以選擇要不要結婚的歷史背景。在那更之前，女性一到適婚年齡就會開始考慮步入婚姻、組織家庭，但隨著女性在婚姻、家庭之外也能擁有財務自由的人生，結婚變成個人的選擇，女性也開始擺脫「都結婚了當然要生小孩」這種傳統觀念及意識的束縛。「即使結婚、變成別人的老婆，也不一定要當母親。要不要成為母親由我（女性）決定。」就算產生這樣的想法也很合理。

然而當成為母親變成一種選擇後，女性「要以母親的身分活下去」、「我要這樣教育小孩」的態度及意識也隨之增強。

當結婚、生子、育兒成為自己人生規畫的一環，女性自然會認為「是我自己決定當媽媽，把孩子生下來，所以要成為什麼樣的母親、要怎麼教育小孩的決定權在我手上」，一點也不奇怪。

結果深受其害的是生下來的小孩。即使沒有深受其害，「母親——子女」的關係會讓他們跟其他的人際關係保持距離，形成不尋常的小宇宙，也就是過分緊密的母子關係。

在這種極為罕見的特殊關係裡，女性會誤以為自己的孩子是自己生命的延續，從孩子的想法到人生，母親都想隨心所欲地操控。這些孩子被賦予扮演母親手中「洋娃娃」的使命，孩子必須代替母親完成母親沒能實現的願望，得到母親夢寐以求的生活方式、求之不得的能力及學歷等等，一肩挑起母親的期待，在特殊的小宇宙中成長。

№ 11

想要表現自己，

又害怕表現自己會招致別人反感

——這種卡在夾縫中進退兩難的狀態，

我稱之為自我表現的矛盾。

現代女性處於雙重束縛的狀態

有人會提出兩種意思自相矛盾的說法，來讓另一個人陷入混亂，並感受到強大的壓力，這種溝通方式稱為「double bind」，翻譯成中文即為「雙重束縛」。就我看來，有很多現代女性都會把自己逼入雙重束縛的狀態。

今時不同往日，女性與男性之間已不再有涇渭分明的文化疆界，日本現在也瀰漫著一股「女性大鳴大放的社會即將到來」的氣氛，就如某位首相曾發表的。然而現實是，至今仍有許多女性因為懷孕、生產而辭去工作，或者不得不辭去工作，家事也幾乎都落在女人頭上。女人依舊扮演著犧牲自己、相夫教子的角色。

如果是很有本事的女性，例如學生時代就與男同學齊頭並進、一爭長短，結婚後仍期許自己能發揮所長、表現自我、活出「自己的」人生也不足為奇。

不過到了二三十歲仍受飲食障礙所苦的女性中，很多都是這樣的人。某位女性從知名高中考上無人不知、無人不曉的頂尖大學，還沒畢業就跟同學結婚；婚後先在雜誌社任職，隨後辭職，生了兩個小孩。因為不想放棄稱讚自己「很可愛」的男人，不惜辭掉工作，隨男人調職。現在是一名全職的家庭主婦，身兼妻子與母親的角色。

回頭看婚後十年，她形容自己「這十年來一事無成」。「丈夫忙著工作，孩子也要上學，自己什麼也沒有。一想到年華就要這樣老去，覺得很不甘心。」還說當她聽丈夫提起升職加薪或工作上吃到的苦頭，甚至會因為嫉妒而幾乎要惱羞成怒。另一方面，她非常小看自己的能力，把自己侷限在當個楚楚可憐的女人、討男人歡心這種傳統的女性意識裡，十分極端。這種自我認知的雙重束縛將引起「自我表現的矛盾」。

即使上述的矛盾有程度上的區別，依然可以說是現代女性的通病。這種自我表現的矛盾可能是憂鬱、空虛、寂寞，乃至於暴飲暴食的主因。我認為飲食障礙者多半是上述落差過於巨大的女性。換句話說，現代女性幾乎都扮演著籠中鳥的角色。

№ 12

女性在自己的人際關係脈絡中
決定生小孩，
並以自己受教育的方式來教養小孩。

人類母親並非「一定會」全心全意教養小孩

有人說人類是「本能敗壞的動物」。這裡所謂的本能，是指誕生前就已經編寫在基因裡的特定行為，就像雞會像雞一樣啄東西吃、狗會像狗一般交配。在受到這個「必然性」支配的世界裡，我們人類的行為卻不一定會被這種必然性完全支配。因為人類擁有名為「我」、「自己」或「自我」這種麻煩的東西，懂得規畫自己的人生。因此我們每個人的生活都會隨時代、狀況而有巨大的變化，有時候還會出現斷送自己的生命這種違反自然的現象。

動物會繁衍子孫，基本上是因為基因裡已經編寫好了，是一種必然，而且動物的行為幾乎取決於負責調節交配、受孕、哺乳的荷爾蒙及反射神經。

但人類的母親不一定如此，她們會將許許多多來自「自己」心中的情感與欲求投射在子女身上。當然，從認識異性到受孕、生產、哺乳的一連串過程都跟各式各樣的荷爾蒙有關，可是荷爾蒙無法決定她的性行為或育兒的方法，唯有形成「自己」——她的人際關係的歷史——才具有決定性的影響力。當然，她不見得會意識到這一切，她只能意識到那些不曾讓自己暴露於危險中的體驗、記憶及意志；而無意識則表現在行動上，也就是那些被屏除於意識之外的事物。

考慮到上述複雜的過程，認為人類母親「一定會」全心全意地教養小孩，從中得到成就感，並絕沒有不滿，才是一件不自然的事。她們基於千奇百怪的理由生小孩，有時甚至是不得已，因此她們對於自己生下來的小孩也有千奇百怪的想法。大部分的情況下，母親都認為「我的孩子是世上最可愛的小孩」，但有時候也會突然覺得孩子剝奪了自己的一切，對這個小惡魔產生一瞬間的憎恨。

為何要選擇生產、養育子女呢？她們又是出生在什麼樣的家庭、被什麼樣的父母養大、如何與兄弟姊妹相處呢？生長在什麼樣的地區、家庭的經濟狀況如何、與哪些人建立起什麼樣的關係、這輩子學到什麼、思考著什麼呢？一個女人的「必然性」正是由這些形塑出來的，也就是說，女人生兒育女是基於「自己的必然性」。

№ 13

人類是一種愈想擺脫什麼，
愈擺脫不了的生物。

一再想起不堪回首的畫面，一再受傷

愈想擺脫一些不想看的東西、不想面對的問題，反而會被本想擺脫的念頭緊緊糾纏，這就是「侵入性記憶」。

理想的處理方式，是徹底面對那個問題。

有對夫妻因為丈夫外遇的問題來找我。當時夫妻兩人都是三十五歲，原本是大學同學，婚後育有一個五歲的女兒。事發是在生下女兒後，原本回娘家待產的妻子回到自己跟丈夫的家時，撞見丈夫和別的女人在一起。女人穿著睡衣，換衣服的時候還當著妻子的面捧著自己的內衣給妻子看。

外遇被抓包，一般人都會道歉，但那位丈夫連一句「對不起」都不肯說。說穿了，丈夫的外遇其實是給妻子的暗示。他不願明白地表示「我已經無法再跟妳走下去了」，而是以外遇的方式表現出「我想逃離這段婚姻」，就像這名丈夫從頭到尾都沒長大過一般。

然而不只丈夫有錯，妻子也有問題。婚後，妻子只緊緊抓住「母親」這個身分，這就是為什麼她從娘家回來的時候，會認為家裡出現的女人「充滿女人味」。對當時的狀況，妻子描述：「那女人慢條斯理地換掉睡衣，把自己的內衣捧在手上，得意洋洋地向我示威。」說到這裡，妻子目光凶狠，簡直變了一個人，顯然受到非常大的打擊。

在妻子眼中，那名女子就像因結婚、生子而拋棄的另一個「充滿女人味」的自己。

妻子說，她想忘記從娘家回來時看到的畫面和那個女人，想方設法地要從記憶中抹去那段回憶，但始終辦不到。愈想忘記，愈是經常想起那個畫面（侵入性記憶），然後一次又一次地受傷。

事已至此，我建議妻子坦然接受那個女人捧著內衣站在自己面前的回憶。

既然那個畫面已經烙印在腦海中揮之不去，那就不要勉強自己忘記，索性接受那就是自己經歷的一部分。若能因此取回被自己拋棄的那個「充滿女人味」的自己，說不定會更輕鬆。

№ 14

母親或許沒有責怪兒子的意思，
但是對兒子抱怨：
「不要變成你爸那種自私的人。」
其實就是在指責兒子。

對兒子抱怨「你爸很自私」等於是在指責兒子

父親具有保護孕婦及小孩不受外敵攻擊、協助妻子育兒的義務。為了扮演好父親的角色，子女誕生前後，父親必須執行以下的功能：

(1) 將自己的能量用在孩子身上。
(2) 協助妻子同時扮演好母親與妻子的角色。
(3) 減輕母子分離時產生於母子之間的焦慮，而為了讓孩子脫離母子一心同體的世界，必要時須扮演起橋樑的角色。
(4) 如果生的是兒子，倘若兒子有「想將母親據為己有」的願望，必須禁止母子關係太過緊密（不妨用近親相姦來比喻）。

成熟的父性足以完成以上這些任務。問題是，有的男人無論長到幾歲都只會按照男人的本能過活。說得具體一點，有的男人具有強烈的自戀傾向，比起女人換過一個又一個，比起想控制別人，比起愛誰、保護誰，他們凡事更重視自己。這種男人的父性始終停留在不成熟的階段，因此無法扮演好保護母子的父親角色。

如果母親不當這種男人是父親，父母無法一條心，就難以幫助孩子成長。母親內心有諸多不滿，便容易對眼前的兒子說他父親的壞話。但兒子早已認定「自私的父親」是自己的一部分，因此會把母親對父親的抱怨當成是對自己的不滿。怨恨「責怪、傷害自己的母親」與「無法阻止這件事發生的父親」，讓事情變得相當複雜。

另外，兒子也已經把「滿口怨言的母親」視為自己的一部分，所以在怨恨母親、想攻擊責怪父親的母親時，也等於是在攻擊自己。

責怪自己與父母的心情愈強烈，自己的內心就愈痛苦。如此一來，他不得不躲進將「萬能的母親」與「萬能的自己」等量齊觀的幻想中，拒絕父親、排除自己心中與父親重疊的部分。這種兒子將來長大可能也只懂得愛自己，亦即長成缺乏體貼與善意，自我中心的男人（丈夫、父親），終其一生都活得很孤獨。

№ 15

家庭始於父親的宣言。

「家人般的集團」擴大了人類的腦部

我原本以為家庭只是養育子女的場所，本質上是專門為母子存在的空間。但最近父親的功能開始受到重視，我也開始認為家庭其實始於父親的宣言：「這是我的家庭。」

「我有責任讓你們過好日子。」——正因為父親做出這樣的「宣言」，家庭才得以成立。也就是說，揭開家庭序幕的並不是母親，而是父親。

這裡所說的父親並非指生物學上的父性，而是社會學上的父性。如果是沒有父親的家庭，則由母親兼任所謂社會學上的父性。

但母子關係本來就是實態，是現況。母親光憑感覺就能認出自己的孩子，例如嗅覺，因此才說母親活在母子關係的現實裡。相比之下，社會學上的父性其實是海市蜃樓。既然父親的宣言是海市蜃樓，那麼始於父親一句話的家庭當然也是海市蜃樓，是一種幻想。

根據近期的化石人類學，人猿與人類的分歧點並非大腦的膨脹，而是從用雙腳走路開始。

能用雙腳走路，就能去遠方，「帶著糧食回到母子嗷嗷待哺的基地」；接著藉由要怎麼分配糧食、分配給誰這樣的利他行為，再進而創造出人類的同理心、移情作用。可見是家庭內糧食分配的功能，讓人類的感情開始萌芽。也就是說，直到人類那只有四百毫升的腦中萌芽出同理心、移情作用，並且這些區塊開始發達後，人類才終於變成人類。這麼說來，不是我們變成人類才組織家庭，而是家人般的集團擴大了人類的腦部，並且上述的「家庭」必須在帶回糧食的父親宣布「我可是父親！」才得以成立。

因為能在「父親」的羽翼下、在「安全的基地」生產，我們的祖先才能生出腦部膨脹到一千兩百毫升的人類。既然如此，父親對於家庭的成立便扮演著非常重要的角色。

因此我最近開始對父親在家庭裡扮演的角色產生莫大的興趣。我開始思考名為父親的角色近年來有哪些變化，大家追求的父親又到底是什麼樣的人。

№ 16

當擁有權力的人說要有尊嚴、
要為自己感到驕傲時，
暴力就開始了。

自尊一詞應該用在弱者身上

最近經常可以聽到「父權的復興」一詞。這或許是因為把家庭及教育子女的任務都交給妻子後，父親通常都會變成連大聲叱責孩子都不敢的「沒用的父親」。

我認為之所以有人提出「復興父權」的主張，是為了解決男人變得軟弱、父親失去權威的問題，主張「過去那種一家之主、充滿權力象徵的父親固然不可取，但也是需要慈愛的父權主義」。但如果這種「父權的復興」是源於「父親最好擁有不可忤逆的權力」，這種想法就要小心了，因為這種想法潛藏著「社會秩序從家庭開始紊亂，所以男性必須振作一點才行」的意涵。說得更直接一點，這句話與強調「要打造出一個以身為日本人為榮的國家」的那些保守政治家的想法不謀而合。這類主張最大的謬誤在於主張「首先我們這些男人、我們這些父親應該要有尊嚴、為自己感到驕傲」。

說到底，要有尊嚴、為自己感到驕傲這種話應該出自尊嚴受到踐踏、認為自己已經不行了的弱者之口，例如受到虐待的小孩，不被父母所愛的子女、慘遭強暴的女性等。當擁有權力的人忘了這點，把這句話套用在自己頭上時，悲劇就開始了。因為受到控制的人如果一再聽到自信滿滿的權力者反覆強調「復興父權」的重要性，便會在不知不覺間接受這種想法，在自己心中塑造出殘酷的暴君，成為對方的奴隸。

即使沒有這麼嚴重，家庭也是權力機構，父親基本上都是握有權力的強者，女人和小孩則是必須服膺強權的弱者。母親在與孩子的關係中也是握有權力的人。權力本身即為罪惡，力量也有其惡的一面。當人握有權力的惡，就無法站在弱者或被害人的立場看事情，想也知道這麼一來將發生多麼危險的事。當我們思考「要成為什麼樣的父親」、「何謂父性」時，千萬不能忘了這一點。

我認為二十世紀最偉大的發明，就是以「權力與控制的關係」來描述過去用「愛」、「性」等字眼形容的男女關係，也就是女性主義的興起。女性主義其實也隱含著「男人不需要那麼努力也沒關係喔」的訊息。

№ 17

不分男女，結婚都是為了尋求「母親」。

「老媽」是被期待給予無限包容的存在

男女的結婚動機天差地別。女人結婚是為了提高生活品質，男人結婚則是為了跟別人一樣。寫到這裡，乍看之下男女雙方對婚姻似乎抱著截然不同的期待，但請容我不客氣地說，不分男女都有一個共同的目的，那就是兩者都在「尋求母親」。

這點在分析現代夫妻的關係時非常重要。因為尋求「母親」，男女結為夫妻後會展開退回幼兒期的競爭。這場競爭通常由丈夫勝出，結果導致妻子母親化。日本的丈夫們終其一生都是期待被「變成母親的妻子」照顧的小鬼。

所以不同於歐美的丈夫，日本人對妻子的背叛沒什麼戒心。以前某雜誌做過「丈夫拒絕回家症」的特別報導，對上班族進行問卷調查，結果發現大部分的丈夫明明八點左右就能回家，卻一直拖到深夜才回家。再問他們「您認為尊夫人怎麼想？」幾乎所有上班族都回答：「我認為我老婆會相信我，等我回家。」

明明可以早點回家卻不回，家事和帶小孩的工作都丟給妻子，既不感念妻子的辛勞，也不努力多花點時間陪陪家人，還期待妻子對此可以給予無限的包容，不就是沒把妻子當女人，而是當成「老媽」看待嗎？

說穿了，這種男人即使離開母親的子宮，在成長的過程中也一直活在人工的子宮裡。這個人工的子宮先是母親的身體，再來是家裡，然後是與妻子攜手創造的家庭。雖然環境有所變化，但始終活在人工的子宮裡這點並沒有改變。

經常有人說「已經追到手就不用再花心思了」，但我認為這不是那種男女之間的攻防戰，事情沒有這麼簡單，而是「退化成幼兒」或「躲回母親的子宮」這種非常嚴重的問題。夫妻關係演變成比幼兒與母親的關係還要低層次，簡直像子宮內的胎兒與母體間的關係，這種退化的現象正不知不覺地發生在夫妻之間。

日本有許多的夫妻關係都是建立在男人相信「老媽」會永無止境地包容自己，女人則企圖讓男人這麼相信的恐怖平衡上。

№ 18

人會被自己創造出來的東西限制住，
有時還會遭到背叛。

父母的工作是給子女設限

人藉由培養自己創造出來的東西（生兒育女也是其中一環）來達到心靈發育的最後一步。學說、藝術作品、企業組織、子女……不管是什麼，在愛護、教育那些人事物的同時，人會看見自己內心深處以前看不見的風景、察覺到以前沒有察覺到的感受、培養出以前不曾培養出來的東西。我們會從這樣的培養中學到很多，其中一個很重要的教誨，就是自己創造出來的東西其實不屬於自己。

人會被自己創造出來的東西束縛、背叛；擔心、煩惱自己創造出來的東西受苦或超脫常軌。在尚未留意到創造出來的東西與自己的距離時，只能先憤怒、蹂躪、無視它。

假設自己的孩子正陷入困境，向自己求助，你看得見他正在求救嗎？如果不張開眼睛看，就無法看見孩子的困境；如果不豎起耳朵聽，就無法聽見孩子求救的哀號。即使看到也聽到了，這時你會怎麼做呢？

我常說父母的工作是「給孩子添堵」、「為孩子設限」。如果孩子受到過度保護，沒有經歷過這些，就無從得知自己的欲望極限，其中也包括想與人建立親密關係的欲望、想支配別人的欲望。若不能好好地控制這些欲望，一旦出去外面的世界就會吃苦受罪。

好比說孩子拒絕上學時，父親該怎麼面對呢？大部分的父母都把原本應該由父母發揮功能的重要部分（尤其是設定界限）全部丟給學校、老師，所以當小孩拒絕上學的時候，也認為應該由學校或老師想辦法。發現學校跟老師想不出辦法後，便改向精神科醫生或諮商師之類的「專家」求助。

然而，這時其實應該由父母想盡辦法解決。同時也是平時把孩子丟給母親的父親應該要挺身而出的時刻。請從與母親不同的面向，問出孩子究竟在想什壓。如果父親只是在母親的要求下，強迫孩子去上學、與學校取得聯繫，只會白白浪費出馬的大好機會。

大部分拒絕上學的個案都是從身體不舒服開始，所以請誠實地問孩子，如果有需要不妨帶孩子去看醫生。萬一孩子開始動粗，父親必須讓母親逃離孩子的暴力。也可以參加聚會，跟一些孩子同樣拒絕上學的家庭交流。別受到孩子的言行舉止影響，保持平常心。為了把迷失方向的孩子拉回岸邊，必須從超然（隔離）的角度觀察孩子的反應。

№ 19

要我說，
誤入歧途其實是一種渴望父母的行為。

「父母的極限」將成為子女誤入歧途的導火線

父親最重要的任務，是保護母子不受外界侵擾，成為家庭的「屋頂」、「牆壁」，好跟外界隔離開來；並且以「這是我們的家喔」這樣的方式劃清界線，暗示母子可以安全地待在裡面。

不過日常中孩子的「屋頂」、「牆壁」，通常是母親（妻子）牢牢抱住孩子，讓孩子感到放心。大部分的情況下，抱緊孩子主要是母親的工作，但是從這個面向來看，父親也扮演著抱小孩的角色。因此當孩子半夜啼哭，會說出「吵死了，快想辦法讓他安靜下來」這種話的人，根本沒資格當父親。希望各位爸爸都能主動抱起小孩，對妻子說「妳睡妳的」，並帶孩子去散個步之類。

話雖如此，父親也不能對孩子的教育有太多意見，或批評妻子的做法，像是「我媽都這樣做」或「妳的做法不對」。這種父親有時候會搞不清楚狀況，還以為自己是個好爸爸，但這完全是個誤會。如果什麼也不做，只會下指導棋，妻子只會覺得你很煩。唯有意識到這一點，確實承擔起抱孩子的作業，男人才能開始完成第二項任務：「對孩子設定界限」。

設定界限的時候必須注意到一點，那就是不要干擾母親設定的界限。好比母親都說「不要挑食」了，父親就不能插嘴「不吃也沒關係」。因為雙頭馬車會讓孩子無所適從。就算孩子不聽話、夫妻之間的感情再怎麼不好，父親也必須支持母親。

倘若教育小孩的時候沒有設定好界限，孩子就會試圖挑戰父母。胡鬧到什麼程度會挨罵、叛逆到什麼地步會挨揍呢？孩子會變本加厲地嘗試。當父母被逼急了，忍不住動手打人，小孩便會認為自己「看到了父母的極限」，而非「知道界限在哪裡」，感覺自己戰勝了父母，並認為這樣的父母很沒用。接著孩子會開始尋求能為自己設定界限的幻想中「父母」，進而挑戰社會規範。這種心態稱為自我懲罰的願望，例如順手牽羊、恐嚇、躲在暗處霸凌他人等反社會行為——也就是所謂的誤入歧途。為了不讓孩子誤入歧途，父母必須從小就灌輸給孩子「邊界感」，而這項任務更應該由父親來完成。

第3章

喪失功能的家庭

№ 20

我們只能看到自己意識到的事物。
如果沒有意識到，也沒有看到，
那個東西就等於不存在。

沒有意識到，不等於問題不存在

近年來，令人痛徹心扉的虐待致死新聞層出不窮。二〇一八年，東京都目黑區有名年僅五歲的女童不幸死亡，根據父親所言，原因是「因為她不聽話，我先用冷水沖她再揍她」，之後又被家人置之不理。聽說父親命令女童要自己設鬧鐘，每天早上四點就得起床練習寫平假名。女童留下的筆記寫道：「我明天一定會比今天做得更好，所以求求你饒了我，饒了我吧。」令社會大眾無不一掬同情淚。

二〇一九年，千葉縣野田市有個小學四年級的女童受父親虐待致死。女童的父親從來不讓她吃飽、睡飽，在浴室用冷水沖她的暴行可以說是家常便飯，還拍下過程，到處散播女童受虐的影片及照片。

這些女童都不是父親的親生女兒，因此也有很多人都說因為不是親生的，所以才不愛孩子，但就算是親生子女，父母也不一定會愛孩子。

根據《母性的神話》（*L'amour en plus*）作者伊麗莎白・巴丹德（Elisabeth Badinter）的話，十八世紀某一年，巴黎誕生了大約兩萬名新生兒，其中由母親親自扶養的孩子不到百分之五。大富豪會僱用奶媽，有錢人把孩子寄養在巴黎郊外的農村，貧窮的市民則以極為便宜的價格委託遠在天邊的人代為扶養小孩。這些離開父母身邊的子女當中只有一小部分能活著回家，回家時四肢健全的人更是少之又少。據巴丹德所說，直到法國需要大量軍隊及前往殖民地的移民，無私養育子女的「聖母」才成為一般市民心中的典範。也就是說，在那之前孩子們被當成累贅、受到忽略，隨著富國強兵的政策蔚為主流，才被視為「國家的資產」，得到活下去的機會。

距離發起保護家畜及動物的運動將近一百年後，保護兒童的想法才得以推廣，開始興建孤兒院。可見家畜原本就是資產，但子女並不是。法國直到十九世紀初都沒有孤兒院，瑪麗・艾倫虐童案是美國第一起受到矚目的虐童案，而且居然是動物保護協會的創辦人救了可憐的瑪麗。這種對兒童的虐待及忽視從以前就有了，各種學歷、階級、經濟情況的大人都有可能是加害者，只是這個問題直到最近才開始受到正視，可見過去都當作沒這回事。

№ 21

教養原本的用意，
是守護一臉理所當然被生下來的小嬰兒，
讓他在感覺快樂的情況下融入社會。

家庭的功能正是成為一座安全基地

讓孩子在快樂的感覺中融入社會，家庭才稱得上發揮了「安全基地」的功能。在這種家庭長大的小孩敢於說出自己看到的東西及感受，如果有問題也敢問大人。在將所見所感訴諸言語的過程中，小孩的心靈便會愈來愈成熟。

相比之下，如果是功能出問題的家庭，家庭成員會被外人難以理解的家中規矩、祕密給綁死。例如有的家庭不想讓外人知道父親酒精中毒，家人之間就會有個祕密，也不會找朋友來家裡玩。大部分的情況下，他人很難介入喪失功能的家庭。在這種家庭長大的孩子會對看到的東西視而不見，並忽略自己的感受。這樣就會導致家人間言談時總伴隨著罪惡感，且家庭內瀰漫著一股獨特的氣氛。

以夫妻吵架為例，假如夫妻在客廳吵架，母親氣得摔盤子。盤子破掉發出巨大的噪音，父親也氣急敗壞地用力甩門，乒乒乓乓地出去了。孩子在自己房裡聽到這些聲音，就會被父母互相指責的聲音、摔碎盤子的聲音、父親奪門而出的聲音嚇得腦子一片空白。

當然，這種情況相當常見。日本近年來因為「在孩子面前爭執也是對孩子的一種心理虐待」，形成一股夫妻連吵架都不行的社會風氣，但這並不表示夫妻吵架的家庭，功能都有問題，或者一定會在孩子心裡留下重大陰影。

重點在於吵架發生之後。當腦中一片空白的孩子回過神來，因不安跑去客廳看看情況，如果家庭功能夠健全，母親就會抱緊惶惶不安的孩子，溫柔地向孩子說明：「抱歉嚇到你了，可是不用擔心喔。媽媽剛才也在氣頭上，但現在已經沒事了。爸爸很快就會回來了喔。」第二天早上，父親一如往常地坐在餐桌前，笑著說：「你媽居然摔盤子，有點誇張呢。」看到父母跟平常一樣感情和睦，孩子總算鬆了一口氣，並且認知到「感情再好也會吵架，但就算是這樣，世界也不會天翻地覆」。

透過這樣受到打擊與療癒的過程，對小孩而言等於是累積到一種體驗。只要能在這種家庭中成長，孩子就不會對自己和世界持否定的態度，應該會活得很快樂。

№ 22

大部分的人都渴望成為家庭的一員，
因此在分明不恰當的時機
跟怎麼看都不適合自己的人結婚，
而且其中大多數都會生小孩。

太想維持家庭反而把自己搞崩潰

多年來，我見過許多患有酒精成癮症的男人與他的妻子組成的家庭，並觀察在這種家庭長大的小孩。這些經驗讓我體會到家庭並不是世人以為的那麼溫暖、那麼親密的關係，也不是沒了家人就活不下去。不僅如此，我覺得有很多人是因為太想維持家庭，壓抑自己的需求、扼殺自己的情感，反而讓自己陷入崩潰的狀態。自古以來人們都崇尚要維持家人的尊嚴，卻幾乎沒有提到藏在家人心中的黑暗面，並且對女性或小孩等置身於家庭這個權力機構中的弱者發出的悲鳴充耳不聞。

小孩必須有父母（或父母的代理人）照顧才能活下來，無論被父母多狠心地虐待、利用，孩子仍依賴父母。一旦產生這種依附關係，無論受到再大的傷害也無法離開傷害自己的人。倘若在這樣的依附關係中，真實地感受到自己的情緒，人就會活不下去，所以孩子放棄自己的需求；比起自己，更想滿足別人（父母）的需求。這會讓孩子變成機器人。

機器人長大以後，也會選擇跟變成機器人的對象結婚。彼此都欠缺愛與同理的能力，自然無法理解生下來的孩子有什麼情緒上的需求，也不知道該怎麼處理孩子情緒上的需求，久而久之，就會變成虐待小孩的父母。

當我問對方：「為什麼要選擇這種傷人傷己的人生？」答案多半是「因為寂寞」。但其中其實有很多人是到了某個年齡，在父母、社會、公司的期望下「不由自主」地結婚。

由這種夫妻與子女構成的家庭是「民法」上的家庭，日本的法律只承認這種形式的家庭，除此之外的家庭（例如未婚生子、同性伴侶等等）都無法受到法律的保障。只有「夫妻兩人與身上流著其血液的子女共同組成的家庭」才是家庭，若非其中一員，就不被當成「健全的人」。這種「家庭意識型態」已經超過家庭型態，規範了我們的生活方式。打個比方，日本至今仍以男性——也就是丈夫——作為夫妻關係中主要賺錢養家的人。不管丈夫內心有什麼想法，都必須保護妻兒。另一方面，妻子——也就是女性——則被要求負起操持家務、生兒育女的責任。日本人都順著這種長久以來約定俗成的「家庭意識型態」選擇配偶、建立家庭、生兒育女。

№ 23

在選擇配偶的階段，
男女雙方就不斷延續過往的錯誤模式，
讓自己的家庭也變成
自己成長的那種悲慘家庭。

有些親子關係會延續不幸

明明理智上知道不好，「最好別這麼做」，卻還是輸給欲望，在強迫性的衝動下攝取某些東西的行為就稱為成癮（addiction）。「成癮」原本是指攝取酒精、藥物或香菸等會對人體造成某些影響的精神活性物質，最近也用於形容賭博、暴飲暴食、購物等行為，或關係中充滿暴力與支配的情侶、酒精成癮的丈夫和離不開酒精成癮丈夫的妻子等人際關係上。

暴力在很多成癮的人際關係中扮演著黏著劑的角色。飽受虐待的妻子怎麼也離不開施暴的丈夫；丈夫打完妻子繼續打小孩的案例不勝枚舉，大部分受虐的妻子都無法阻止孩子受到池魚之殃。不僅如此，有些遭受虐待的妻子也會虐待小孩。這些虐待小孩的父母中，很多人本身也曾經是受虐兒。由此可見，至少有一部分虐待兒童的案例是在強迫性的衝動下發生，也可以說是一種成癮行為，即使想住手也無法控制自己。

某位母親非常重視與子女的關係，可是一生氣就無法控制自己。她一面罵自己「不是人」，努力想愛護子女，可是一轉頭又開始虐待子女。某位父親非常痛恨自己性侵愛女的行為，但又無法阻止自己。另一方面，子女即使精神、身體上都飽受虐待與傷害仍依戀父母。這種沒完沒了的不幸親子關係也是一種成癮的人際關係。

大部分會虐待小孩的父母，都是從小沒有得到父母充分的擁抱，自我評價極低的人。他們不擅長處理人際關係，或多或少都感覺自己被社會孤立，所以在選擇配偶的時候會追求「跟爸媽不一樣，願意理解自己、擁抱自己的人」；結婚的時候則在心裡發誓「我要建立一個跟養育自己的家不一樣、充滿笑聲的家庭」。

然而實際上，這些男女不是選擇充滿控制欲、跟動手打自己的父親一模一樣的男人，就是跟非常在意旁人眼光、面子至上的女人在一起，有如自己的母親；然後生下小孩。等反應過來時，自己已經開始虐待孩子，就跟自己以前受父母虐待一樣，與配偶也變成只有表面和諧的冷漠夫妻關係。

№ 24

唯有好好照顧內在小孩，
才能變成真正的大人。

心中的「內在小孩」是自我的核心

似乎有很多人認為ＡＣ是「成年兒童」或「無法長大的人」的意思。其實ＡＣ是「Adult Children of Alcoholics」或「Adult Children of Dysfunctional」的簡寫。前者是指「在酒精成癮症的父母身邊長大的人」，後者是指「在喪失功能的家庭長大的人」。這些人從小到大有著各式各樣的症狀，受盡傷痛，甚至無法工作的案例也不少；而當意識到自己是ＡＣ的同時，也會對自己的父母產生強烈的憤怒。當這些人開始深究自己的症狀及傷痛，便會發現這和自己出生的家庭、跟父母的關係有很大的關聯，因此也有不少人對ＡＣ的理解僅止於表面，認為「ＡＣ＝長不大的大人」，只會把自己的問題全部怪到父母頭上，一把年紀了還像個孩子似的。

這種想法過於單純，並不可取，但AC的確與「大人」、「小孩」的概念或者「獨立」、「成長」脫不了關係。「孩子氣」確實是AC自我的核心。每個人心裡都有個「內在小孩」（inner child）。自己小時候是什麼樣的小孩，長大後那個小孩仍活在自己心裡。那只是自己孩子氣的部分，並非長大後就一定要切割這部分。無論是什麼樣的人，都應該好好珍惜自己心中的內在小孩，讓內在小孩活得朝氣蓬勃。

倘若AC是「無法順利長大的人」，意味著他們內心的成人部分還沒有跟內在小孩和解。小時候活在暴力、壓抑的父母或家庭的陰影下，長大後就會原封不動地把這套關係拿來對付自己心中的內在小孩。而更棘手的是，當今日本的社會風氣是「為了讓孩子適應社會、經濟獨立，當務之急是趕快把他們養大」，因此誤以為壓抑內在小孩是讓孩子長大成人必要的嚴格態度。但是唯有「接受孩子原本的模樣」才能讓孩子真正長大。我認為AC這種想法、內在小孩這個名詞，其實是帶我們從新的角度認識社會上的「大人觀」以及每個人的成長。

№ 25

從孩子開始有祕密的那一刻，
就開始脫離父母了。

接受性衝動是自己的一部分

進入青春期後，子女會開始脫離父母，開始想要擁有父母不知道的祕密口袋。性正是這個祕密口袋的核心。口袋裡裝滿了性衝動及伴隨而來的行為，塑造出了「自己」，脫離父母，因此這個祕密口袋非常重要。我有時候會遇到一些父母堅持小孩不應該擁有父母不知道的祕密，這是很大的誤會。

有這種誤會的人會說：「一旦讓孩子擁有祕密，不曉得孩子私底下會做出什麼事。」或者說：「小孩不能輸給性欲。」但只要從小就自由自在、無拘無束地成長，絕對不會發生這種事。

倘若在成長過程中，孩子感受到父母的肯定，並發現自己的做法在社會上行得通，就會逐漸養成自信，並理解裝在祕密口袋裡的性衝動也是自己的一部分，可以坦然面對。這麼一來，孩子就不會輸給欲望、迷失在欲望裡，反而能妥善地控制欲望。能妥善控制欲望的小孩不會拋棄自己而不去面對，反而能建立完整的人格。

然而，如果孩子小時候受的教育是必須從意識中排除一部分的自己，視其為污穢、毒蛇猛獸，就完全不同了。被排除的「污穢的毒蛇猛獸」將發展出另一個人格，阻礙人格的整合。像這樣這些負面部分變成獨立的人格，並分裂成外在人格與內在人格，我們稱為「切割」（spritting）。

這種人很容易妄想。因為當負面的部分受到外界投射，這種人很容易覺得周圍的人都在迫害自己，動不動就曲解別人的意思，陷入妄想。

或者是輕視自己不拿手的事物，認為那不重要，對其視而不見，變成笨拙又邋遢的人。因為如果不這麼做，就無法面對那個「沒用的自己」，也就會污染「完美的自己」。這種人會變成無法適應現實、交不到朋友的人，深信只有自己純粹且正確、不知變通。

№ 26

「溫柔」其實很麻煩。
因為是否「溫柔」
往往取決於能否承受傷害及不滿，
而這是沒有盡頭的。

忍不住對自己心愛的人動粗

假設妳的丈夫是個很溫柔的人。當丈夫很溫柔，妳對丈夫抱怨的機會就會增加。但是抱怨再多也解決不了問題。自己愈說、丈夫愈聽，只會讓不滿的火焰燃燒得更加旺盛。因此跟溫柔的人在一起，反而很容易走到離婚的地步。

如果是男人娶了一個溫柔的老婆，他會放心地在妻子面前流露出幼稚的一面，反而會引起各式各樣的問題。無論是暴力的妻子與丈夫，還是暴力的丈夫與妻子，都會因為一方很「溫柔」而助長對方的暴力。

有個很典型的例子，某位女性（妻子）在二十八歲時嫁給大自己一歲的丈夫。她來找我的原因是：「我想消除自己內心的嗜虐傾向，因為我已經怕到不敢生小孩了。」

妻子的娘家是個充滿暴力的家庭。家裡是位在都市的農家，有土地可以租給別人，所以經濟十分寬裕，但家庭內的暴力十分嚴重。其中最粗暴的莫過於妻子的父親。妻子說父親覺得家人很丟臉，不准他們出門。

從這個例子可以看出，成長的環境會對一個人造成多大的影響。在那種家庭長大的妻子也會對自己心愛的人施暴。

妻子有個妹妹，聽說她其實很愛妹妹，卻一直對妹妹施暴。漸漸的，妹妹再也不回家了。妻子小時候有兩個好朋友，但她也會欺負這兩個好朋友，所以朋友也離她而去。

婚後，妻子開始對自己最親近、最重要的丈夫動粗。口不擇言、肆無忌憚地數落丈夫「你這個下賤的男人，簡直是人渣，去死」；踩在丈夫的頭上、踢丈夫的肚子，搞到最後甚至已經無法判斷到底是誰的錯了。儘管如此，妻子又矛盾地覺得：「如果老公死了，我也活不下去。每次我先生忙了一天回家，說自己『頭好痛』，我就會很擔心他該不會死掉吧。」

真是誇張的夫妻生活，誇張到我不禁佩服丈夫居然還能跟她在一起。丈夫的忍耐力、溫柔的程度都令人大吃一驚。更令我覺得不可思議的是，這對夫妻表面上居然還能過著極為正常的社交生活。

第4章

做人不一定要有貢獻

№ 27

日本人的病
就藏在隨處可見的健全認同裡。

想跟大家一樣的病

依賴共生並不是日本才有的問題，但我們的社會對依賴共生的關注度實在太低，導致很多日本孩子們都被迫在由依賴共生與權力交織而成的「無形虐待」與「溫柔的暴力」下長大。因為這樣，日本的孩子們通常不太會出現顯而易見的暴力，或超脫常軌的不法行為。

從某個角度來說，這或許是一件可喜的事，但也不能因此就認為日本社會很「健全」。好比說，我們不能說「顯而易見的暴力」就是美國社會的病，因為美國這個國家致力於在盡可能的範圍內，努力接受來自世界各地的移民，願意免費教語言不通的人英文，同時也是全球第一個正視大人在封閉家庭裡對小孩施暴、男人對女人施暴、性虐待等問題的國家。每個國家都有自己的歷史及文化背景，不假思索地拿兩個國家來比較、認為哪個國家比較健全這件事本身就沒有意義。

日本也有很多來自朝鮮半島的移民、原住民愛奴人及沖繩人等等，儘管如此，政客卻揚言「日本是單一民族國家」並把持權力。他們得了「想跟大家一樣」這種病。這種風氣之下，所謂的「健全」不過是社會對本質上的問題視而不見，不想掀起任何風波。

大部分的人都小心翼翼留意著他人的眼光，在意周圍的期待，並順著期待生活，過著「虛偽的人生」，卻沒有人發現這個詭異的現象。因為大家都把憤怒藏在內心深處，笑容可掬地戴上親切的面具，對自己應該擺在第一位的情緒視若無睹。

依賴共生的人就是活在這種無法明確區別自己與他人的世界觀底下。而無法明確地區分他人的情緒與自己的情緒，正是一種自我中心的病。對方沉默或不高興的表情會讓依賴共生的人感到不安，認為自己是不是做了什麼惹對方生氣的事、自己是不是有什麼缺陷。就像精神尚未成熟的幼兒會以為「因為我是壞孩子，媽媽才和爸爸離婚」，這種「周圍發生的所有事都是自己的責任」的感覺，讓依賴共生的成人很容易被周圍的情緒吞噬。

№ 28

我們的文化總想把
依賴共生的權力濫用
藏在親密關係的糖衣下。

需要被別人需要——依賴共生

「依賴共生」這個字眼原本來自酒精成癮的臨床術語。

過去，美國的司法制度視喝醉為犯罪，喝醉酒的人不是被告就是被關，而當這個司法制度讓經濟出現破綻，改變就開始了。為了解決問題，美國不得不在一九七〇年通過一項綜合法案，讓酒精濫用與成癮者得以接受治療並重回社會。從此，喝醉酒的人身上「罪犯」的標籤被撕下，並重新貼上「病人」的標籤，交給醫療專業人員處理。

與此同時，酒精成癮者（alcoholic）的配偶（主要為女性、妻子）問題也開始浮上檯面，這些人通常完全沒有自我，時時刻刻將丈夫的酒精成癮問題掛在嘴邊。諮商師為這些妻子貼上「共同酒癮」（co-alcoholism）的標籤；沒多久，這個名詞就進化成「依賴共生」（co-dependency）。

依賴共生的最大問題是「需要被別人需要」的自我中心性。

依賴共生的人對自己的評價很低，極度害怕別人的評價，因此他們否定本來的自己，又或者想隱藏本來的自己。這些女性在充滿緊張感、感覺極不舒服的婚姻生活中百般隱忍，因而自欺欺人，對自己的情緒視若無睹。即使想離開不舒服的關係，也害怕自己會遭到別人的議論而無法離開。這麼做也等於是放棄對自己負責。

過著這種生活的人，會要求別人也同樣地「為他人著想」，要求別人活在自己的控制下。別人必須感謝自己做的事或扮演的角色，即使稍微有點問題，也不准表現出來。而這種控制的態度會毫無保留地表現在親子等上下關係，卻又包裹著類似依賴共生的親密糖衣。

比起肌肉力量或金錢權力，反而是依賴共生的力量支持著這種親子關係，以及支持著在這種家族文化恣意蔓延的日本社會中特別發達的企業組織。

日本的上班族之所以被逼到過勞死，也是因為害怕被別人批評的恐懼感，與自我中心性的依賴共生，才會缺乏自尊心，並且從小就被家庭及學校灌輸否定自我的感覺。

№ 29

從精神病理學的角度，
可以看出日本工作狂的典型
是那些基本上服從上司，
為同事著想，
擔心在競爭社會中脫隊，
有很多焦慮，卻沒什麼自我主張的人。

太在意別人的批評，就無法表現自己

分析日本家庭中的丈夫或父親，不難發現問題都來自日本男人過度依賴工作。在日本，「男人」與「工作」是一體兩面的關係，思考父親的問題時，就不能不考慮到工作的問題。

大部分的日本男人都很依賴工作，說是工作狂也不為過。在他們的生活中，工作一向占了最大的比重，沒有時間分配給工作以外的事，而且本人並不會意識到這一點，因為周圍的男人都跟自己一樣。基本上，沒有人在職場上精力旺盛工作的同時，會覺得自己很空虛。他們覺得這樣很好，並陶醉於這樣的自己。大概做夢也想不到自己已經工作中毒，變成工作狂了。工作中毒可以說是「男人的通病」。

男人的通病就跟女人的通病、小孩的通病一樣，是種「病」。這裡的「病」指的是重視社會要求的標準更勝於自己的毛病。為了優先滿足社會對男人的要求，漸漸就被這種「病」困住了。堅持要「像個男人」其實也可以說是希望受到別人的肯定，而日本大部分的男人都患有「男人的通病」，被工作或產值這種社會標準綁住。

典型的日本人工作狂，跟基於自己的意志、神采飛揚工作的人有點不太一樣。前者很在意別人的評價或批判，因此無法充分表現自己。

他們最在意的是社會大眾對自己有什麼期待、自己能不能回應社會大眾的期待，因此他們很害怕造成別人的困擾；為了不辜負上司的期待而全力以赴，死都不肯放掉工作。

看了過勞死的報導，男人努力工作的模樣其實愚不可及，說穿了全是淚。他們的目標並非想在競爭中勝出，而是深怕自己失去職場上的溫暖與安全感，結果忙到病倒。

在日本社會，唯有學會如何活在別人的眼光下，才能生存。正因為對這個潛規則瞭然於心，每個人都小心翼翼地避免受到排擠，結果就是讓社會變得「非常和諧」，並且充滿令人喘不過氣來的規則。

№ 30

害怕面對人群
可以說是生活在封閉都市裡的家庭
都有的毛病。

害怕面對人群是現代人的通病

害怕面對人群（無法坦承地面對其他人）可說是現代人的通病。無法與旁人建立親密關係的人愈來愈多，我認為「親子關係過度親密」也有相同的趨勢。無論是母子關係，或是有如雙胞胎一般的母女關係都在此列；別人口中「就跟朋友一樣」的父親與兒子，也具有這方面的傾向。

以父子為例，這樣的父親與兒子很容易滿足於同質性的親子關係，拒絕外面的異質接觸，這麼一來，當兒子進入被稱作「第二次誕生」的青春期，開始嫌母親煩的時候，「溫柔的父親」就會取代母親的功能，妨礙兒子進入「第三次誕生」（完全脫離父母的成年狀態）。

在發現旁人的階段，孩子會先與好朋友結為「密友」（chum）；這也是物以類聚的集團，會排除異質的東西。這種重視同質性的好朋友集團頂多從學童期到國中生為止。到了青春期的後期，則會開始形成由異質的分子組成的「同儕」團體（peer）。這個團體會讓他們享受到彼此之間的異質性。

這就是人的成長。從這個分節點來看，朋友般的親子關係也可以說是具有高度同質性的封閉式密友集團。當孩子在這種關係裡活得很開心、很穩定，即使到了青春期，也無法培養出在外面認識異質的人、並樂在其中的能力。儘管如此，倘若父親擁有豐富的人際關係，假日會邀很多朋友來家裡玩，可以跟他們一起玩還好，但容易形成朋友般親子關係的父親，除了工作上認識的人通常沒有其他朋友。

這種父親的兒子都很「溫和、善良、穩重」，與女性也能維持淡淡的表面關係，但絕不會建立深入的關係。這樣的孩子會對在深入關係中的異物充滿戒心，並把對他人的不信任藏在溫和的外表下。這種人遲早會結婚，卻無法與妻子建立親密關係。嫁給這種人的女性起初會很高興自己嫁給一個溫柔的丈夫，但因為無法跟對方有深入的交流，總有一天會感到寂寞空虛。

現在的都市生活也在助長這種家庭的存在。身處不跟鄰居互相聞問的大都市裡，每個家庭都是一個獨立的單位，彼此之間沒有任何連結，有如砂粒般分散，形成各自獨立的家庭集團。家庭成員缺乏時而部分融合、時而分開的社群。生活在這麼封閉的環境下，即使害怕面對人群也不足為奇。

№ 31

人類一定要有些許類似「我是天選之人」的自我感覺良好才行。

永遠都在顧慮他人、滿足別人的需求

人生在世，最重要的莫過於相信「父母（或者是能代替父母的人）認為自己很重要」，也就是得到父母的認同。我是被需要的、我的出生是受到祝福的……這會幫我們創造出「我辦得到」的感覺。

相反的，如果認為父母不認同自己，這樣的人對自己的評價或自尊心就會受到決定性的傷害，不覺得自己可以被生下來、不具備自己辦得到的感覺。這會消磨人生在世需要的力量，也就是「活下去的勇氣」。

雖然要是冒出「我的出生是理所當然」、「我活在這裡是大家三生有幸」、「我是大家的小太陽」這種感覺也很奇怪，但如果人的自我感覺不好一點的話，就會活得很艱難。AC的概念，就是從欠缺這種心情的人而來，也就是對自己做的事總是沒有信心的人。他們擔心別人在背後指指點點，煩惱自己是否可以活在這個世上，對自己的評價非常低，沒有自信也欠缺自尊。

ＡＣ的人永遠都在顧慮別人的眼光，擔心別人怎麼看待自己，擔心自己做的事是不是正確的。硬要說的話，就是在自己心裡裝了監視器，隨時監視著自己。

感覺上最近這種人變得非常多，他們行為的出發點往往源自自己要怎麼滿足別人，而不是自己想做什麼。這種人的問題在開發中國家並不會浮上檯面，因為在開發中國家，光是要活下去就疲於奔命；但來到追求生活品質的社會，這方面的無力感、自尊心不足就會變成問題，ＡＣ也就成了現代的一種病。

ＡＣ本來是用來稱呼父母酒精成癮的孩子，現在則有比較寬廣的定義，既非病名也不是醫學用語。可以解釋為努力想理解自己為何活得這麼艱難的人，最後找到的一種自覺或自我認識。

然而這種發現同時也是一種希望。因為承認自己是ＡＣ之後，就能努力擺脫這個泥沼。

№ 32

酒精成癮、藥物成癮、飲食障礙、
憂鬱症、人格障礙、自殘行為、家裡蹲，
這些都不過是印在包裝紙上的標籤。

用症狀這張標籤概括一切煩惱

各位聽過希臘神話中伊底帕斯王的故事嗎？因為預言家說：「這孩子將來會殺死父親，並與母親私通。」伊底帕斯被父親萊俄斯丟在深山裡。拋棄伊底帕斯時，父親萊俄斯用鎖鍊貫穿伊底帕斯的腳踝，害他不能走路。所以伊底帕斯也意味著「腫脹的腳」。養父母救了這個雙腳腫脹的孩子，將他撫養成人。伊底帕斯長大後，得知「弒父」的預言，嚇了一大跳，遠離自己長大的皇城，浪跡天涯。旅途中流浪到真正的故鄉——底比斯郊外，在不知情的情況下殺死父親萊俄斯及他的隨從，解開了司芬克斯出的謎語。

司芬克斯是一隻擁有女人面孔、獅子身體、老鷹翅膀的怪物。從懸崖上出題給路過的旅人猜，如果旅人答不出來，就被會司芬克斯吃掉。

那個謎語就是鼎鼎大名的：「早上用四條腿走路、中午用兩條腿走路、晚上用三條腿走路的生物是什麼？」伊底帕斯解開了這個誰也解不開的謎語。

聽到伊底帕斯回答「是人類」後，司芬克斯跳崖自殺，可見這應該是正確答案。但不是任何人說出相同的答案，司芬克斯都能接受。雖說伊底帕斯本身恐怕也沒有自覺，司芬克斯大概是發現「殺死親生父親、迎娶親生母親，生下『既是自己孩子，也是自己兄弟』」的伊底帕斯，本身就是禽獸（四條腿）。失去萊俄斯王的底比斯市民恭迎劘除司芬克斯的伊底帕斯為新的國王，就結果而言，他確實娶了自己的母親。

這個謎語的重點其實是：「兩條腿與四條腿的界線在哪裡？」也就是說這個謎語叩問的其實是「身為人的原則」與「人倫」。如果遵循「人倫」就是兩條腿，反之則為四條腿（獸）。即使淪落為獸，只要能保持人的尊嚴，至少還能成為拄著拐杖的三條腿。

日本人現在處於哪個階段呢？大概充斥著既是兩條腿，卻又長出四條腿的人吧，其中還有一部分尚在拚命地尋找拐杖。棘手的是，他們害怕面對司芬克斯的問題，躲進貼上「症狀」這張標籤的包裝紙裡，包裝紙裡充滿他們「我還是人嗎」的煩惱。

沒錯，司芬克斯此刻就在你身邊，正對你提出叩問。

№ 33

這裡所說的「活下去」，
並非不要為酒或丈夫而活，
而是「為自己活」的意思。

人很難順著自己的感覺活下去

倖存（survival）一詞對AC別具意義。以父親或母親酒精成癮的子女為例，只要自己別像父母那樣變成酒精成癮症患者，或是不跟酒精成癮症患者結婚，就能以「倖存」來形容。但在因酒精成癮症住院的男性患者中，每兩人就有一人的父親酒精成癮；而酒精成癮症男性患者的妻子中，每四人就有一人的父親酒精成癮，由此可見「倖存」非常困難。

酒精成癮症的住院患者本人，小時候當然做夢也沒想過「自己長大會酒精中毒」。成長過程明明想著不要變成我爸那樣，可是等到回過神來，已經陷入與父親如出一轍的生活模式了。至於酒精成癮症患者的妻子就更無辜了，她們基本上都從小就下定決心「絕對不要走上跟媽媽一樣的路」，曾幾何時卻跟母親分毫不差地嫁給酒精成癮的人。

如果說這些人沒有酒精成癮，或是沒有嫁給酒精成癮的人就能「倖存」，倒也不盡然，這也是困難之處。

某位年近六十的男性說：

「我這輩子都拚命地告訴自己，千萬別變得跟我爸一樣。可是到了這把年紀，我才發現我跟我老爸只有一點不同，那就是我爸死於酒精中毒，而我沒有，如此而已。」（克勞蒂亞．布雷克《絕對不會發生在我身上》〔*It Will Never Happen to Me*〕）

這位男性說他除了喝酒以外，生活方式、價值觀，尤其是人際關係都繼承自父親。

就算沒有酒精中毒、沒嫁給酒精中毒的人，如果只能從為別人（父母）而活中挖掘自己的生之喜悅，就稱不上「倖存」。大部分的ＡＣ都會長成「好孩子」，因為他們很難順著自己的欲望或感受活下去。

這些人裡面有很多人都覺得，如果對別人沒有貢獻就活不下去了，選擇將照顧別人視為畢生的志業，例如選擇當醫生、護理師、社會工作者或個案諮商師等，這些職業的人當中有很多都是這種人。

№ 34

喝醉會變回小孩子。

藉由喝醉來體驗「做回原本的自己」

酒精成癮的人，內心會產生「自制」與「依賴」互相拉扯的矛盾。依賴與自制之間被他們清楚地劃分開來，因此酒精成癮者無時無刻不在兩者之者擺盪，猶如一種雙重人格。明明喝醉時就變成自我中心的依賴小孩，清醒時卻判若兩人地過度強調自律。他們清醒時都否認自身的依賴，認為自己非常自律。

換句話說，清醒時為了當一個「精明幹練的大人」，他們會過度努力。這麼做的動機在於擔心「如果我不是『精明幹練的大人』就會被拋棄」。這會導致他們產生害怕面對人群的心態，隨時在意別人的評價，擔心有人在背後指指點點，覺得「需要被別人需要」——酒精成癮者清醒時就是這副德性。

這類的酒精成癮症患者在人際關係上的障礙，多半來自與父母的關係。

(1) 來自父親、母親乃至於雙親的拒絕。
(2) 被過度保護。
(3) 父母缺席或因父母的無力而強迫自己必須代替父母的角色等等。

無論哪一項，都會煽動一個人對依賴的需求與害怕被拋棄的焦慮感。而為了保護再這樣下去就會崩潰的心靈，人會產生過度自律的態度，想讓自己看起來有模有樣。清醒時會變得很強硬、自我懲罰式地認為自己必須成為像樣的人，但這種感覺會逐漸消融在酒精裡。唯有喝醉時，他們才能體驗到「做回原本的自己」，並獲得「自己可以待在這裡」的心靈力量，好支撐他們繼續活下去。這本來是養育嬰幼兒的人應該要給予嬰幼兒的力量。

喝醉帶來的力量幻覺有兩個方面。一面是自我中心地建立世界的秩序，感覺自己無所不能，能隨心所欲地控制別人；另一面則是活在建立起秩序的世界裡，無法區隔人我分際，把別人的感覺當成自己的感覺。這些都是退化成幼兒、與外面的世界建立關係的方法。

酒精成癮的人隨時都在期待別人表現出感同身受的態度，但幾乎都在清醒的人際關係中受到背叛，於是他們藉由切割、否認隨之產生的焦慮與憤怒來進行自我防衛，這是他們特有的「虛張聲勢」（過度強調自己的特殊性與權力）與「努力」（過度配合的態度與輕躁症）。

№ 35

總是喝得醉醺醺的男人
其實是非常缺乏「力量」的爛人。

喝醉的頻率關係到性別意識

喝醉能保護自己免於繼續壓抑解體的危機，因此心裡有裂縫的人通常都會買醉。喝醉的感覺會過度填補裂縫，反而容易讓裂縫暴露於人前。清醒時畏首畏尾、連自己的心情都不敢表達的人，喝醉了會突然變得不可一世，想說什麼就說什麼、想做什麼就做什麼。基本上，男人喝醉的時候比女人更容易失控，但反過來說，或許每個男人心裡都有這種裂縫也說不定。

文化人類學及心理學已經證明，喝醉能強調、填補男子氣概，從而導出「男人喝酒是為了重振男性雄風」的結論。在大部分的情況下，男人會被周圍要求「要有男子氣概」（更正確地說是壓力），因此這些人或許就利用買醉，來填滿某種「心理力量」的不足。愈是缺乏這種力量的男人，愈需要過度強調男子氣概，所以要喝很多酒；在喝醉的情況下強調自己獨一無二也就變得格外重要。

另一方面，女性又是如何呢？幾個研究女性與飲酒的實驗都出現與男人正好相反的結果。女性喝到酩酊大醉的時候，反而會遠離力量幻覺與自我主張的態度，發揮被動的女性那一面。因此也有個假設是：「經常喝酒的女人是否平常就希望自己『更有女人味一點』呢？」

如果在平常聚餐喝酒的場合，健康的男女在適度飲酒的狀態下聊天，經常可以看到男性會表現出更「男性化」的一面，女性則表現出更「女性化」的一面。只不過，觀察那些酒量很好、具有強烈追求權力傾向、強調要活出自我主張的女人，又出現了別的假設。那就是這些女人對於自己內心女性的那一面有某種心結，不知道該如何面對自己的這一面，就算只有短暫的片刻，唯有喝酒時能逃避或「暫停」這種性別角色。

無論如何，喝醉的頻率與深度關係到「男子氣概」或「女人味」等性別意識的問題。

第 5 章

不如就安心擺爛吧

№ 36

世界上有許多
「擺爛一下剛剛好」的狀況。

「憂鬱」不是有病，而是健康的證明

「人生就是這麼回事，目前這樣就可以了。」

能這麼說的人都不會來找我。即使覺得已經撐不下去或必須想個辦法才行，依然相信自己可以解決的人，也不會來。會來找我的都是認為自己一定是被什麼不好的東西附身才會變成這樣，這絕對不是我的本意。如果是以前，所謂「不好的東西」大概是指惡靈或詛咒；放在現今的世界則是指「心病」。這裡不需要提到「病」這個字，我也會視情況使用這個字眼，但老實說，我不認為這是一種病。

如果心病也包含精神障礙，討論起來就會變得很複雜，還有「憂鬱症」、「適應不良」等林林總總的病名。因為某種壓力，在內心留下疙瘩的狀態稱為

「適應不良」，但硬要說的話，什麼都可以冠上這些病名。

大部分的情況是坐在我面前的人並沒有精神上的問題，確實也有人心情真的有點陰鬱，無論如何都打不起精神來；問對方為什麼打不起精神來，基本上都是些聽了會覺得「這也難怪」的狀況。

好比有人會說：「我有想做的事，可是沒有錢。去找爸媽幫忙，爸媽生氣地說：『你都幾歲了！』」也有人回答自己被喜歡的人甩了，或大學落榜了，遇到這種事還能很有精神地嘻嘻哈哈才奇怪。既然處於提不起勁的狀態，就不要勉強自己打起精神比較好。這時「憂鬱」才是「健康」的表現，所以像這種時候乾脆徹底地憂鬱吧。

上述的憂鬱並不是障礙，而是健康的證明。表示心靈確實反應出糟糕的狀況，就跟「淋雨會發燒」是同樣的道理。

憂鬱確實會讓人失去些許判斷力，變得不太正常，但也不至於出什麼大問題。例如問對方「現在是白天還是晚上？」還是能正確地回答，所以對時間的判斷並沒有出問題；改成問「這裡是哪裡？」應該也能答對，所以對空間的判斷也沒有問題。只要這些都能答對，日常生活就不會有什麼大問題。既然如此，不如就安心地擺爛吧。

№ 37

世上只有兩種人，
承認自己是ＡＣ的人，
和不承認自己是ＡＣ的人。

人本來就會寂寞、不安

承認自己是ＡＣ的人和不承認自己是ＡＣ的人，要說哪種人比較好過日子呢，應該是承認自己是ＡＣ的人。因為他們能說明自己現在的行為，也知道將來該做什麼才好。

也就是說，「ＡＣ是指父母對子女成長造成不良的影響，長大後精神上仍持續受到影響的人」這句話，原本並不是用來責備父母的話，而是在思考「自己現在為什麼會說出這句話、採取這個行動」時的工具。

承認自己是ＡＣ的前美國總統比爾．柯林頓是很有名的ＡＣ。比爾在女性問題這方面可說是聲名狼藉。在研究他的為人時，為了說明「比爾為何動不動就對身邊的女人出手」會用到ＡＣ這個單字。

ＡＣ是指過於在意別人是否接納自己的人。總是沒有自信，總是覺得孤單寂寞，所以如果無法確定別人是否接納自己，就會感到不安，才動不動就對女人出手。

再舉一個ＡＣ這個字眼很好用的例子，那就是在思考「將來該怎麼活下去」時很方便的工具。如果一直說一些過去孤單寂寞的經驗，就不會用到ＡＣ這個字了。因為這種人知道自己很怕寂寞，就會思考該怎麼做才能活得不那麼寂寞，並且付諸實行。

人類之所以行差踏錯，正是因為沒有充分理解到「寂寞的問題」。為了拒絕寂寞的感受，一旦覺得無聊，就會感到不安，而不安與痛苦只有一線之隔。為了消除不安，就會出現不正常的行為；為了逃避不安，容易逃到不該去的地方。又因為焦慮、恐懼未來，會做許多沒必要的準備，或是對未來感到絕望；又或者是為了排遣寂寞，會沉溺在酒精和女人的溫柔鄉裡。

請別再為了排遣寂寞與不安，做些無謂的奮鬥。

藉由了解ＡＣ這個名詞，你可以認清「人本來就會不安」，就不會變得憂鬱，也不必吃藥。感到寂寞時，只要轉念想想「人死後就不會再感到寂寞了，所以寂寞正是活著的證據」就行了，肯定能活得比現在更輕鬆。

№ 38

人是無法逃離溝通（與別人交換訊息）的生物，
因為「存在」本身就是一種溝通。

人的心只存在於與他人的關係中

人在溝通的時候主要使用語言這項工具，但溝通的手段不是只有語言，語言也不是最理想的溝通工具；例如我們可以反過來利用語言說謊，也能故意在溝通時說些違心之論。事實上，善於操縱語言的人，通常會在有意、無意的情況下用語言說謊。當謊言離真心話太遠，謊言與真心話之間就會產生名為「症狀」的類比模式問題。另外，溝通時也經常會發生話語跟表情各自傳遞不同訊息的情況。雖說「眼睛可以傳情達意」，但如果嘴裡說著善意的話，眼裡卻燃燒著熊熊怒火，人就會陷入雙重束縛（double bind）的囚籠裡。在無路可逃的環境中，若持續受到雙重束縛的捆綁，人就會陷入精神上糾結的困境。

美國心理學家麥拉賓（Albert Mehrabian）做過一個實驗，驗證溝通時一方是否利用對方給的訊息（感情或態度等）來判斷對方。結果顯示，根據對話內容做判斷的人只占了百分之七；靠外表、動作或表情等視覺情報判斷的人占百分之五十五；靠音質、語速、節奏等聽覺情報的人則占百分之三十八，可見非語言的溝通其實比我們想像的多更多。

因此我們只要能見到面，即使不說話也能順利地溝通。假設有人一天到晚都關在寢室裡足不出戶，這件事本身也是給周圍的訊息。周圍的人不是乾脆把足不出戶的人當作不存在，就是反過來小心翼翼地對待這個人，一日三餐送到房門口，對他鞠躬盡瘁，而這也等於是對溝通的一種反饋。

由此可知，「人」或「人心」無法單獨存在，必須存在於跟其他人的關係中。從這個角度來看，誕生於某人物A與他人B之間的心ab，與某人物A與他人C之間的心ac當然不一樣。我們會以此為前提，想方設法讓心ab與心ac看起來幾無二致。能想出這個辦法的能力則稱為「人格的統整性」。

№ 39

人格本身並不存在，
而是存在於人與人之間。

「人格」會與他人相互影響，每天都在變化

每個人都有獨特的個性與樣貌，因此每位患者與我的關係也都有獨自的個性，而所謂的人格，就存在於人與人的關係中。與患者A交談時，我的人格與跟患者B交談時的人格並不是同一個人格；這些全部加起來，才能構成「齋藤學」這個人的人格。

舉例來說，認識A以前的我跟認識A以後的我，並不是同一個人；如果明天再認識別人，又會產生另一個不同的我。人格就像這樣與認識的人互為影響，生生不息，每天都有變化。

如果為患者貼標籤、把患者當成一個個檔案分門別類來對待，確實很輕鬆，至少能快點結束精神科醫生的工作。因為互相不影響，所以也不會因碰撞

而受傷或傷害對方。

以前我曾經遇到兩位患者接連跳樓自殺。患者自殺這件事真的令人非常非常痛心。我至今仍有幾位危險的患者，雖然我有時還是會對那種人說：「要死要活是你的自由，身體是你自己的，所以責任不要算到我頭上喔。」其實這也是一種賭注。沒有人能保證這麼說以後，對方一定會選擇活下去。我雖然嘴上說「生命是你自己的，隨便你愛怎麼樣就怎麼樣」，但內心其實非常害怕。萬一對方真的死了，我存在於跟那個人關係間的一部分也會跟著崩潰。具體而言，我會覺得非常痛苦；萬一對方真的自殺，我的心一定會千瘡百孔。

在三十分鐘的面談裡，有位自殺未遂的患者曾若無其事地遲到十五分鐘，又準時站起來要走，氣得我破口大罵：「王八蛋！坐下!!」

我告訴他：「我們之間的關係已經建立起來了，要是你隨便死掉，我的一部分也會被你帶走，你懂不懂啊！」

「就算我只是你的諮商師，也不該讓別人承受那種痛苦吧。你死了一了百了，但你要留下來的人怎麼辦！」

不認真到這種地步，就無法跟那個人建立人際關係。如果無法建立起對方自殺時，自己也會痛不欲生的關係，對方既不會產生變化，也不會恢復正常。

№ 40

「再這樣下去不行」的困境，其實很重要。

煩惱是好事

常有人說：「復原的重點在於『落底』。」所謂的「落底」是掉到谷底的意思。經歷過谷底，才能放開一路走來的做法、人生、價值觀，然後以絕望的「底」為轉折點，觸底反彈，重新展開人生的篇章。

每個人的「底」因人而異。這種說法或許有點草率，有些人該說是起點太高嗎，直到潛入海底才認為「到底了」；也有人已經跌穿底部又往下掉了居然還沒發現。最好不要落入讓人一蹶不振、站也站不起來的深淵。

無論如何，困境都對人有幫助，特別是當我們陷入左右為難、進退維谷、前後左右都沒有路的地步。

即使覺得已經束手無策了，也一定有辦法解決。如果地上沒有路，只要潛入海裡就行了。至少要從現在認為是死路的地方絕處逢生。當然也可以飛。雖然說是說飛，但人類沒有翅膀，所以只要能去到比現在更高的地方就行了。前面一定有路，即使眼前的路再小條，只要不顧一切地勇往直前，視野必定會豁然開朗。

簡而言之，世間萬物不會只有秩序與穩定，混亂與失序或許也能幫助我們建立新秩序。如果能更深入理解過去習以為常的事，就有機會得到更高水準的新知。

因此我們需要煩惱，才會說「煩惱是好事」。

如果有煩惱，就要徹底地煩惱，這麼一來就能找到屬於自己的答案。每個人的答案都不一樣，所以不能跑去問諮商師：「你可以告訴我嗎？」

煩惱的行為本身、過程也很重要，只有機器人才沒有煩惱。想當然耳，煩惱不是一件愉快的事，你必須誠實地面對自己，凝視不想面對的自己、不想知道的自己。比起面對自己，向算命師詢問答案、請精神科醫生幫自己決定方向無疑要來得輕鬆許多，但也正因為如此，煩惱才有趣不是嗎？

№ 41

唯有「重生」
才能擺脫依賴症狀。

意識到自己的無力很重要

有四種人會讓各式各樣的依賴症狀惡化。第一種是妻子及母親，也就是家人；第二種是對依賴症患者很重要的朋友或親切的上司；第三種是牧師、神父或和尚；第四種是醫生，尤其是精神科醫生。

這四種人都是能當場減輕依賴症患者的煩惱或傷痛的人。母親非常捨不得孩子的身心有絲毫病痛，總是忍不住伸出援手，結果每次反而都會加重患者的病情。如何切斷援助的管道其實很重要，必須讓這四種人徹底意識到自己的無力，也就是不管再怎麼了解依賴症患者、再怎麼愛他們，再怎麼想理解依賴症的原理，也無法讓依賴症患者恢復正常。我們能做的就是認清，唯有依賴症患者本人才能擺脫依賴，並且不斷把問題交回給本人。

若能不斷把問題交回給本人，總有一天這個人會開始意識到自己的無力。依賴症患者都容易誇大地妄想「只要有心就能一口氣解決自己的問題」。例如他們會說：「戒酒？只要我想戒，馬上就能戒掉。」這種人光是能意識到自己的無力就是非常巨大的變化。唯有開始認清自己的無力，依賴症患者才會開始面對現實，覺得走投無路（人生實難）。有些人這時會過早想到「一死了之」，但絕大多數的人為了想活得更好一點，會躲進依賴症狀中尋求慰藉，所以不至於輕易尋死。這個時期的依賴症患者會以千奇百怪的方式用「死亡」威脅身邊的人，讓身邊的人伸出援手。要是輸給對方的情緒勒索，出手相助，治療就會觸礁。

我們應該要有足夠的智慧覺察到，人類的命運其實遠遠超出自己的能力所能控制的範圍，包括死亡。一旦欠缺這個智慧，我們就會屈服於依賴症患者嚷著「要去死」的強迫之下，成為對方慢性自殺的幫凶。有人稱這個時期為依賴症患者的「人生低谷」，但我個人不這麼認為。如果是酒精中毒的人，反而是放棄買醉過一陣子後，才會迎來真正的「人生低谷」。當本人開始思考、想修正依賴症行為的時期，才是真正「走投無路的時期」。唯有跨越被死亡籠罩的「走投無路期」，才能劈開通往「重生」的路。

№ 42

想控制別人的心態，
正是各種依賴症、成癮的溫床。

控制依賴症、成功依賴症、工作依賴症的陷阱

長久以來受到男性虐待的女性發起了女權運動，告發父權控制乃至於男性控制。然而即使是這樣的男性社會，也有許許多多的階層，產生各式各樣的阻礙，從中一一產生互助甚至是自助的行為。美國等多民族國家發生的少數民族問題即為其代表，他們為了捍衛各自的文化、語言及生活圈挺身而出。為身體上的障礙所苦的人、患有相同疾病的人也會組成自助會，還有人是為了對抗世界的倫理而提出自己的主張，例如同性戀的自助會。由此可見，為了保護自己的自我認同，人類會組成各式各樣的團體，向試圖控制、操縱自己的體制展開抗議。

說起來，這些行為其實就是向社會這種去人性化的控制系統提出抗議，也

是個人為了保護自己的控訴。這些控訴其實是自己受到威脅時所產生的危險訊號，也是無意識中「再這樣下去自己會崩潰」的吶喊。但另一方面，我們人類也會努力適應自己所處的社會，也就是主動讓自己去人性化，迎合想控制自己的社會。因此不少人都對自己內心發出的吶喊置若罔聞。

這時，這樣的人就很容易陷入控制依賴症、成功依賴症、工作依賴症的陷阱裡。而上述控制依賴症過分的妄想，正是飲食障礙（厭食症、暴食症）或酒精成癮的溫床。

大部分的飲食障礙者，在學生時代通常都曾陷入成績依賴症（一種成功依賴症）的桎梏，一直是第一名。另外，追溯酒精成癮症患者的源頭，其實是一種權力依賴症，屬於控制依賴症。

無論是陷入暴食、厭食循環的食物依賴症，還是無法戒斷酗酒的酒精成癮症患者，都只不過是控制依賴症的延伸。

正因為人為了讓控制與成功的夢想可以成真，才會耽溺於食物、酒精、藥物等等。全球化的團體「戒酒無名會」（ＡＡ）是為了讓人完全擺脫不喝酒會死的生活而成立，可以任意參加。該會的十二個戒酒步驟中，第一階段即是「承認自己的無力」。

№ 43

依賴症患者總是對「此時此刻」過度配合。

依賴症患者為什麼說謊

我曾聽酒精中毒的人說：「我這陣子完全不想喝酒喔。」明明言猶在耳，幾個小時後又看他爛醉如泥，任誰看到這種情況都不會驚訝吧。因為說這種「謊言」對酒精中毒的人可以說是家常便飯。然而不妨想像一下，明明一點好處也沒有，他們為什麼要撒這種謊呢？或許他們「不想再喝酒」的心情，其實是真心的也說不定。

當他們這麼說的時候，我認為至少說出了一部分真實的心情。之所以只有一部分，是因為他們另一方面也抱著「已經戒了好幾天酒，差不多又想喝了」的心情。他們不擅長理解內心有兩股相反的心情在拔河，所以另一邊的心情容易被忽略，這也就是所謂的「自我防衛機制」。

他們會配合當時的情境或氣氛說出一部分真心話，並否認另一邊的心情，變得過度配合。因此依賴症患者一旦進入職場，會比別人更認真工作。

可想而知，跟其他依賴症患者一樣，酒精成癮症患者也有「對自己要求太高」的傾向。依賴症患者一般都會設定過高的目標，並以孤注一擲的心態決勝負，而且大部分的情況都會以失敗告終，怪罪自己，怪罪別人，回到暴飲暴食的狀態。

「對自己要求太高」的人最害怕的，莫過於被別人輕蔑、拋棄。為了避免被別人輕蔑、拋棄，無論如何都會偽裝自己。因為比起被拋棄，說謊的痛苦根本算不了什麼。

另一方面，「我熱愛工作」肯定也是他們當時的真心話。只是在工作的過程中，他們會慢慢失去「分寸」，疲於奔命，沒多久「另一句真心話」便會突然取代前面的真心話，開始偷懶不做事。

這種狀況也會出現在與人相處時。動不動就迷上某個人，尊敬對方，說對方「跟神一樣厲害」，不一會兒又否定那個人的一切，把對方說得很難聽。被依賴症患者盯上的人會被耍得團團轉，飽受傷害，筋疲力盡，最後再也不想跟對方相處了。

№ 44

依賴症很像自殺，
但過程通常十分緩慢，
所以又叫「慢性自殺」。

依賴症是貪戀眼前舒適的狀態

酒也好，藥物也罷，什麼都一樣，如果想透過學習來養成習慣，那麼學習內容就必須讓個體覺得舒適才行。依賴症患者會下意識貪戀眼前舒適的狀態。長時間下來，追求舒適、逃避不舒適的行為會偏離原本應該規範自己或自己所屬集團利益的健康習慣軌道，也就是破壞自己。這個問題遲早有一天會浮上檯面。極端的自我破壞就是自殺。

但依賴症患者倒也不是想死才濫用藥物或酒精。他們其實是想活得更好，所以才沉溺於酒精或藥物，只是他們不曉得這種行為其實是在破壞自己。因為他們心裡充滿不安；為了逃離不安，只好緊緊抓住眼前的舒適不放，這就是依賴症。

從生理學的角度來看，不安、焦慮是恐懼反應的延伸。受到恐懼等壓力時，身體會分泌腎上腺素和正腎上腺素，這些物質會增加血液循環，在肌肉內儲存能量。對壓力的防衛機制至此完成。焦慮也是一種壓力，身體為了面對各種挑戰，也同樣會儲存能量，但是不同於恐懼反應，通常不會採取攻擊敵人或逃走的行動，因此儲存的能量會以興奮的狀態累積在體內。當人處於焦慮狀態，會坐立難安、心浮氣躁地走來走去，握緊雙手、流汗、失眠就是因為這樣。另外，焦慮有時候也會連結到某些衝動行為。抗焦慮的藥物具有阻礙生物體內化學反應的作用，因此當人陷入極端強烈的不安，就會需要這種藥物。但如果只是平常的不安，只要先善用儲存在體內的能量，就能好轉。

做法是先試著面對不安，不要害怕。如果是不需要馬上處理（或無法處理）的問題，不妨先思考要怎麼釋放儲存的能量。打掃院子、帶狗散步、跳舞、運動，做什麼都行，總之要流汗。流汗會減輕恐慌的狀態，讓人看見事物的本質；接著再來思考如何消除不安的源頭。想出幾個辦法後，再從比較可能實行的選項安排優先順序。只要能這麼做，就不用抓住眼前的舒適不放了。

№ 45

能留下來的記憶，
就像瓷器的碎片。

整理記憶的碎片

我們都以為自己的記憶很明確，也相信自己的記性。但實際上，記憶是非常不可靠的東西，它可以隨心所欲地轉移、消除，而且記住的其實只是實際發生的事當中極小的一塊碎片。問題在於我們如何蒐集那些有如瓷器碎片般的記憶，重新組織起來。

「我試著拼貼記憶的碎片，結果拼出來的東西非常畸形，我一點也不想面對……」如果遇到這種狀況，不知道該怎麼辦才好，通常就會來找我商量。

然而，如果把那個畸形的東西拆開再重組，也許就能找到別的碎片，拼成非常漂亮的作品；或者看到那個作品，如果覺得「這玩意兒真不賴，這是也是我的一部分」，就能讓過去受到家庭神話束縛、捆綁的單一故事，具有別的意義。這就是成長或成熟。

這種重組記憶碎片的行為稱為「記憶的重組與汰澳」。勇敢地拆開過去束縛自己的家族傳說或浪漫遐想，加以變化，再由功力更上一層樓的自己重新組合。這才是我希望看到的變化。

像這樣經過整理的記憶會被當成「普通的記憶」，陳列在記憶的架上，並成為一套標準流程。這麼一來，需要的時候就能取出該記憶的檔案夾，平常則不會受到影響。

反過來說，沒有經過整理的記憶就稱為創傷記憶，指的是雜亂無章地放在某個架子上或隨便丟在地上的記憶。哪天稍有不慎，這些記憶就會掉下來砸到頭，把腦袋砸出一個包，或是絆到腳害自己跌倒。以上情況稱為瞬間影像重現或恐慌發作。當片段的記憶有如灰塵飄蕩在室內，人就會感到無力及憂鬱。

或許有人會問：「既然如此為什麼不趕快整理？」

但記憶的變化、重新整合有時候可能需要花上十年、二十年的漫長歲月。

也不要認為這是在浪費時間，正視畸形作品的作業、破壞畸形作品的作業都是非常寶貴、難以取代的經驗。

事情沒有這麼簡單，不是想重組就能馬上實現，需要一點時間。

№ 46

恐懼這種心理現象
基本上來自於「對象的轉移」，
說穿了就是「難以形容的害怕」。

人類極端害怕「死亡」與「失去」

不管是南瓜、蜘蛛還是狗，看在其他人眼中根本一點也不恐怖的東西，就是有人會嚇得要死，那是因為他們把真正害怕的對象轉移到那個東西上。至於要選擇哪個東西當對象，在那個人的人生軌跡中早已決定了，因此只能透過仔細的詢問來找出理由。但對象本身並沒有什麼太重大的意義。

人最害怕的不外乎「死亡」與「失去」，因此大部分的恐懼皆源自於此。對於死亡的恐懼想必不用我再說明，但是打從心底害怕死亡的心情，多半出現在乍看離死亡極端遙遠的小孩子身上。大部分的小孩對死亡的恐懼比成人感受到的害怕更加深刻。對孩子來說，死亡就是原本活生生、很溫暖、會動的存在突然就變成跟石頭、泥土一樣冰冷的「物體」。

當然，我們成人對死亡也同樣恐懼，但是孩子對於這種無法從日常經驗加以想像的超自然「陰森森的東西」或「邪穢」的耐受性遠比大人脆弱，而且還沒有具體的方法可以戰勝這種恐懼，因此只能仰仗「符咒」或「收驚」。孩子們會在日常生活中加入琳琅滿目的除魔、迷信、收驚、儀式等等，來對抗恐懼。

另一方面，失去的恐懼則非常複雜。心愛之人死去當然意味著失去，但失去的意思絕非僅止於此。對過去深愛的人感到失望，或依附對象流露出脆弱的一面也是一種失去。

最煩惱失去的人莫過於青春期的青少年。他們在這段期間會開始對父母給予的安全感產生疑惑，最容易發生問題的是這段期間必須直接面對失去「身為孩子的自己」。男孩的生殖器開始勃起或射精、女孩則要迎接第一次的生理期，在自己身上出現與過去截然不同的「性徵」。孩子很容易忽略此事帶來的恐懼，也有人試圖否認自己的變化，恐懼就會纏上這種人。

青春期以後的恐懼症患者有很多都會出現異性恐懼症（拒絕親密關係）的現象。受制於「不乾淨」的觀念稱為強迫性思考（obsession），反覆洗手、想弄乾淨的行為則稱為強迫行為（compulsion），不用說也知道這些都跟恐懼有關，其背後不外乎對死亡與失去的恐懼。

第6章

「沒用的自己」也有力量

№ 47

只要能發現
站在原地不動其實需要莫大的能量，
這個發現也會成為保護自己的手段。

以肯定的角度重新架構「沒用的自己」

繭居在家的青年因為害怕「被拋棄的恐懼」與「被吞噬的恐懼」而裹足不前，並且視父母想吞噬自己的愛為「以愛為名的暴力」，頂撞父母，或對父母拳打腳踢。家庭內暴力其實源自於年輕人想獨立的衝動，這股衝動本身是健全的力量，可是當這股衝動往錯誤的方向噴出，就會變成家暴。

如果青年自卑地認為無法外出的自己是「沒用的傢伙」，那麼他無法感受到自己與生俱來的能力（力量），自然也不知道該怎麼使用這股能力。換個說法，正因為對自己的力量毫無自覺，自然也無法全面釋放自己的能力。

這種青年需要願意對自己賦能（empowerment）的存在。所謂的賦能是指

「將某些弱者從他們所處的狀況解放出來」的意思。

有幾個具體的方法可以解放自己的能力、給自己活力。其中之一是將原本否定自己閉門不出的看法，轉變成「自己明明有能力獨立，卻把莫大的力量浪費在停在原地不動」這種肯定的看法。上述思考角度的轉換，稱為以肯定的角度重新架構（reframing）。

看事情的時候，我們通常只能從某個固定的（一個）框架去看，所以會卡住，但只要換個框架來看，眼前就是無限寬廣的另一種風景。提點出本人忽略的其他框架也是賦能的作用之一。

如果你有類似的煩惱，不妨善用這種具體的方式，把用於維持現狀的力氣運用在「讓自己打起精神來」。

如果一直停在原地，無法挑戰變化，青年就會被父母「吞噬」，導致自我的消融與失去。倘若為了避免失去自我，慌不擇路地抓住父母以外的人，這次又會為了討對方歡心，凡事卑躬屈膝地配合對方。有時候為了避免失去自我，又會反過來推開對方。

人的個性就是在這一片亂七八糟中浮現出來，所以「做自己」其實也是很麻煩的。

№ 48

或許是那些「痛苦」對你很重要，
你才讓自己變成這樣。

存在於此就是了不起的力量

所謂人格，是指那個人與周圍的關係、待人接物的方式。

如果「害怕面對人群」是一種「病」，這或許只是那個人「與別人相處時的個性」，也就是他具有面對人群會緊張的特徵。不知道該怎麼跟第一次見面的人相處，就是一種害怕面對人群的特徵。起初這個人會努力表現出八面玲瓏的態度，到處打招呼，可是漸漸地愈來愈膽怯，漸漸開始擔心「大家要是知道我真實的樣子，是不是就會拋棄我了」。

害怕面對人群的人都想克服這個心魔，而克服其實是一種「想戰勝對方」的心情。然而跟自己的特質、人格為敵，是不可能有勝算的。如果不能覺得「算了，這就是我的特質，不是很可愛嗎」，人就無法放輕鬆。

那麼，該怎麼做才能認同自己的特質呢？就是要對自己好一點、接受自己的一切，而這也是「齋藤教」的教義。

如果你討厭自己，或者想克服自己的某個部分，請先冷靜下來想想。你討厭自己到什麼程度呢？如果你「非常討厭自己」，只要變成「稍微討厭自己」的人就行了。

不過話說回來，人為什麼會討厭自己呢？到底是誰讓你討厭自己呢？

我們不妨觀察一下剛出生的小嬰兒，他們才不會覺得自己很沒用呢。小嬰兒只會哇哇大哭，吵著「幫我換尿布！」「我肚子餓了！」，你應該也曾是這樣的小嬰兒。

那麼小嬰兒怎麼敢這麼肆無忌憚呢？因為他們相信自己很偉大，認為自己是世界的中心。這樣的小嬰兒怎麼會變得討厭自己呢？簡單一句話，都是「父母」害的。自己沒能成為父母期待的樣子，所以覺得自己很沒用，便開始討厭自己。

但這是錯的。

人生路上長滿荊棘，不如意事十常八九，但你仍不屈不撓地活到現在，這無疑是靠你自己的力量。

№ 49

你以為焦慮症、憂鬱症會緊緊纏著自己不放，害你原地踏步，其實並非如此。

換個角度，試著樂在其中

走在路上，有時候會突然停下腳步回頭看吧。可是這時如果爬上附近的大樓，試著從屋頂上往下看，就會發現自己看似停在原地，但只要退後、往右轉，就能通到大馬路，或者只要穿過左邊大樓的停車場，就能繞到後面，繼續前進。

能不能換個角度至關重要。人因為陷入「非這樣不可」的迷思才會感到痛苦，覺得好像沒有出口。我提供的所謂「治療」其實只是協助患者換個角度。我會問自稱有憂鬱症或焦慮症的人：「你為什麼要給自己貼上生病的標籤呢？」

一旦得了憂鬱症或焦慮症，即使想治好或制止也難如登天。既然如此，索性樂在其中好了。當然，如果是可能會自殺的緊急狀況，自然要請對方先住院治療，但一般情況下只要能覺得「樂在其中」就好了。

即使身為醫師的我，跟患者解釋他的症狀，告訴對方：「你現在的症狀跟過去這些經驗有關。」患者也聽不進去。當一個人無法表現出負面情緒，明明怒火在心中燃燒，也覺得自己不能生氣，才會變成憂鬱症。即使對這種人說「因為這樣才會變成那樣」，如果對方聽不進去，自然也無從治好。只有一個方法能讓這種人痊癒，那就是讓患者知道有人願意深入了解他的一切。重點在於治療師必須清楚知道患者這輩子一路走來的經歷，例如那個人在大學時代發生過什麼事、小學養的狗叫什麼名字等等。藉由知道這些雞毛蒜皮的事，足以證明我很關心那個人、認為那個人很有趣。

建立起這樣的關係後，如果還發生我無能為力的事，我會建議對方：「診所裡沒有病床，要不要先去醫院休息一下？」提供第三個場所。提供的場所不一定是醫院，只是如果有第三個場所，應該可以讓那個人冷靜下來。

№ 50

在成長的過程中，
孩子會察覺與父母競爭的自己。

恐懼背後藏有自己成長的驚人力量

想要改變，我們必須先克服恐懼。

如果想要改變，必須放開過去那個「軟弱的自己」緊緊抓住的東西；換句話說，必須接受我們依賴的對象離開自己。這麼一來，就可能會引發被拋棄的恐懼。

舉例來說，到了青春期的時候，子女會覺得原本看上去強大無比的父母，變得渺小又一無可取。這時子女會感受到過去保護自己的強大力量正逐漸遠離，並感到寂寥，但取而代之的是，自己的力量也會隨之成長，只是自己還沒有發現而已。

有的人會暫時意識不到這股「自己的力量」。因為他們的注意力都放在

「父母可能不願再保護自己」這個驚人的事實上。

進入青春期的孩子們有一部分會出現回到幼兒期（退化）的現象，拋開從小到大成長的結果，例如躲在家裡不出門、陷入暴飲暴食再催吐的惡性循環，都是退回幼兒期的現象之一。

這是因為他們被自己隨時間逐漸增加的力量嚇到發抖，所以想藉由停止時間、削弱自己的力量等無謂掙扎，來逃離「被父母拋棄的恐懼」。當自己沉溺於這樣的行為，就無法意識到自己的力量。可是仔細想想，沉溺於這種勉強自己的作業本身，其實已經是一種力量。只要能意識到這點，他們大概就能擺脫「想停止時間」的無謂掙扎吧。

與「被拋棄的恐懼」成對的是「被吞噬的恐懼」。

在變化之中，青少年會遇到新的愛戀或心儀對象。隨著心儀對象（例如同年齡的異性）出現，青少年會開始覺得以前與依賴對象（例如父母）的關係很落伍，但想離開那段關係時，又會感受到「被拋棄的恐懼」。

然而，這時如果要靠近新的愛戀對象，又會因為「被吞噬的恐懼」而裹足不前。由於擔心被新的愛戀對象吞噬的恐懼過於巨大，他們無法意識到自己的力量。如此一來，有的人會不敢奔向新的愛戀對象，就會被以前的依賴對象，也就是父母給「吞噬」。

由此可見，進入青春期的子女與父母間，會產生與力量有關的緊張關係。

№ 52

「有力量」是指
我們可以選擇活成自己想要的樣子。

若父母有太多選擇子女會很辛苦

人類一旦有了選擇，自然會煩惱。

「子女繼承父母的職業或身分」在以前視為理所當然，所以孩子不需要煩惱要選擇什麼職業或生活方式；出生在農家就是農民，出生在武家就是武士，只要用一輩子完成自己的任務（角色）就行了。

可是當現代人提高了生活品質，選項一多，從各種角度來說都會讓人陷入迷惘。因為迷惘、選擇，就得面對許許多多的傷心、淚水與別離，後悔的機會也增加了。選了一個，就意味著得放棄另一個，所以選擇其實是非常困難的作業。

以前的人要我們放棄欲望，要我們謹慎、謙虛、吃飽睡、睡飽吃。可是就算這麼說，我們也已經無法回到那個時代了，女性也對自己的人生有愈來愈多的規畫。

愈是有力量的人，選擇愈多。

與其說「有力量」是指不依靠別人，不如說是借助別人的力量，好擁有自己的世界、想法、價值觀等，有能力活出自己的人生。這麼一來，選擇當然會變多，該怎麼活之類的煩惱也會增加。

當父母擁有許多選擇，孩子便會很辛苦。孩子做什麼事都會受到「有力量的父母」限制，必須想很多才行。父母的關心（＝愛）原本應該是餵養子女的養分，但站在子女的角度，會覺得父母的言行舉止充滿了不解之謎。漸漸的，子女會開始熱衷於解開那些謎團，甚至反過來出難題給父母，例如女強人的女兒跑去當酒家女、高官的兒子因為參加雜交派對被捕，在媒體上鬧得沸沸揚揚。

不過，親子說穿了仍是各自獨立的個體，也不需要勉強自己成為一個標準的父親或母親。當父母認清別人不可能理解自己做的事，再盡自己最大的努力，反而更健全不是嗎？或許會讓子女感覺一頭霧水、不懂爸媽到底在想什麼，這種充滿謎團的父母反而更能豐富子女的人生也說不定。

至少這樣的父母，比堅持「我的生存意義唯有孩子」這種「沒有轉圜餘地的父母」要好得多。

№ 53

把虐待自己的人事物理想化，
人都有這種傷腦筋的一面。

健康的人不會將父母理想化

ＡＣ總會想建立跟自己長大的家庭一樣的家庭或集團，因為他們始終在追求不重視自己、對自己行使冷暴力的父母。經常有人會覺得很不可思議，明明受到那麼嚴重的虐待，孩子為什麼還依戀父母呢？但其實孩子並不是「因為受到重視才依戀對方」的生物。無論是什麼樣的父母，孩子在成長過程中都能全盤接受，視其為自己的一部分。就算父母會虐待自己也不例外。因此受到父母虐待的孩子，反而會說父母是「理想的父母」，並對父母十分尊敬。如果你身邊也有人說「我爸媽是理想父母」，或許提高警覺，認為這是危險訊號會比較好。健康的人不會將父母理想化，反而會說「我爸媽簡直沒救了」或「我爸媽真的很糟糕」。

ＡＣ會尋求手中握有絕對權力的人，例如會虐待自己、把對方的標準硬套到自己身上的人。不僅如此，很多ＡＣ都具有「我們家很特別」這種家族神話、血統妄想，而這也是ＡＣ的特徵之一。這樣的人很容易製造出以權力把持者為中心、自以為是菁英的集團，因此ＡＣ的聚會往往會變成有如邪教般的組織。如果有人敢無所畏懼地表現出父親的權威，ＡＣ就會唯唯諾諾地俯首稱臣；時不時再加點虐待提味，他們就會更高興。壓榨他們的金錢、強迫他們過著簡樸的生活、為了遵守嚴格的戒律必須拋棄自己的欲望……這些事都會讓他們陶醉其中，不可自拔。最明顯的例子就是一九九五年犯下日本地下鐵沙林毒氣事件、引起軒然大波的奧姆真理教。

奧姆真理教的教祖麻原彰晃現已伏法，小時候明明還有一隻眼睛看得見，卻因為家庭的關係被送入盲人學校。對於雙眼失明的人而言，還有一隻眼睛看得見的人就跟擁有超能力沒兩樣。他之所以敢在耳聰目明的社會也毫無畏懼地表現出自己的能力，無非是因為有人需要他的權威，他才能橫行無阻。

奧姆真理教言之鑿鑿將會讓世界面臨毀滅的末日之戰（armageddon），對AC而言也充滿了吸引力。因為AC的病理之一就是看不見未來，心裡有傷的人都會喪失受傷前對未來的想像。所謂的末日之戰，其實就是世界跟自己一起毀滅的理想，對於受過心靈創傷的人而言，再也沒有比這更簡單明瞭、魅力十足的世界觀了。

№ 54

若能發現自己現實中的生活有問題、感到喘不過氣來，反而意味著隨時都能改變，轉而過自己腦海中的「另一種生活」。

想像未來的自己

不要被現在的生活「不能變動」的觀念綁住，選擇就會變多，自然就能明白只要再多出一點力，日常生活中自己其實有很多條路可以選，並且開始喜愛能做出這種決定的自己。相反的，如果覺得自己只能順其自然地過日子，就會變成機器人。當你感覺自己每天只是往返於家裡與公司之間，能不能在腦中描繪出另一種生活方式，就很重要。

有個名詞叫作「替代方案」（alternative），各位不妨保持隨時都能想像另一個自己（替代方案）的彈性。當你對現實生活感到痛苦，請試著想像另一個自己；如果一時半刻想像不出來，也可以想像「嫁給另一個男人的自己」或「住在另一座城市的自己」。這也是一種想像未來自己的能力。

想像未來的自己，不是要你去想像孩子的病痊癒，或離家出走的暴力兒子變回孝子，因為這些想像都是以別人的改變為前提。我指的不是這個，而是自己本身更具體的變化。

事實上，「未來的自己」早就浮現在各位心中了。舉例來說，各位過去的喜好將反映在今天穿的衣服上；過去選擇穿那些衣服的自己，恐怕也已經預見自己明天以後的喜好。不妨先試著改變想法為：「現在的自己其實已經預見了自己將來的模樣」，然後再思考「未來的自己想告訴現在的自己什麼呢？」

也可以想像「如果我……」，例如過去來不及實現的夢想、鄰居女兒彈鋼琴的聲音、想學但沒學成的芭蕾……各位肯定都有這些東西。這把年紀才要穿上芭蕾蓬蓬裙或許需要一點勇氣，但試試看也不會怎麼樣，還可以讓未來的自己找回失去的自己、留在過去的自己。這樣想，等於是想像「另一個自己」；開始想像「另一個自己」時，各位的生活應該會發生具體的變化，表示各位已經擁有接收未來訊息的彈性了。

№ 55

當我們意識到「另一個自己」的存在，
寬容地對待「另一個自己」，
就能看見許多
過去就連其存在都沒有察覺到的事物。

擁有「另一個自己」

我們對自己的想像還是很保守；會主觀認定「自己是這樣的人」，不習慣把「另一個自己」列入選擇。

也有人會用「內在小孩」（inner child）或「內在自我」（inner self）來形容「另一個自己」，但終歸是少數派。

即使如此，我們最好還是以更寬容的態度來看待「另一個自己」。我認為這麼做更容易通往無意識的世界，讓人活得更輕鬆。如果說他人與自己的關係是兩人關係，父母這兩個他人與自己的關係是三人關係，那麼自己與「另一個自己」的關係則是「一點五人關係」。當這個關係惡化，自己的力量就無法完全施展開來。即使下定決心想做點什麼，另一個自己也會批評自己做的決定，讓自己動彈不得。

反之，如果能與另一個自己建立良好的關係，就能看見過去看不見的東西，聽見過去聽不見的聲音，自然而然地找到應該前進的方向，知道自己該擁有什麼。

如果你認為世間萬物都是由看得見的東西、聽得見的聲音構成，或覺得我們的記憶全都串連在一起，只要想記起來，隨時都可以記起來，這些都是很大的誤解。我們只能看見自己想看的東西，也就是說我們看得見的東西其實非常有限；聽也是同樣的道理，即使已經發出聲音了，如果不想聽就會聽不見。

由此可知，我們活在非常粗糙的知覺裡，我們的知覺有如網目很大的篩子，有太多東西都漏掉了。尤其是記憶，就像漂浮在漆黑螢幕上的白色斑點。至於為什麼會形成記憶這種白色斑點，代表我們當時受到了心靈創傷（心的外傷）。從極輕微的斑點到濃墨重彩的斑點，每個斑點都代表某段傷痛記憶。我們會永遠記得這些受傷的記憶，並忘記除此之外的一切。

我們會牢牢記住這些自以為忘記的東西，而這些記憶會在每個必要的時刻跳出來提醒我們。「另一個自己」則會幫助我們免受這些記憶的折磨。

第7章

將煩惱變成語言
就能嘗試化解

№ 56

家庭是無言的訊息滿天飛的地方，
也是矛盾的淵藪。

為什麼明明很痛苦卻無法擺脫症狀

那些被認為生病的人為何會持續進行病態的行為呢？恐怕是因為他們的症狀，正是他們向身邊的人（尤其是家人）發出的訊息。

酒精成癮症患者透過大聲嚷嚷「別管我」、躺在路邊睡覺等行為，來發出「救救我」的吶喊。溫和又順從的飲食障礙者一邊微笑著說：「好的，我明白了。」一邊在暴飲暴食又催吐的無聲循環中，將憤怒發洩在愛戀對象身上。擔心父母感情不睦的兒子對父母口出惡言，之後不是誤入歧途，就是把自己關在家裡。女兒明明比誰都關心母親，反而避母親唯恐不及，不禁讓人懷疑她是不是很討厭母親。

由此可見，家庭裡充斥著自相矛盾（paradox）的訊息，而且這些訊息並非毫無章法，其實都有那個家庭固有的文法或脈絡可循。這麼一來，只要用這些文法或脈絡來嘗試解開上述的難解之謎，就不再是不可能的任務。

開始挑戰不解之謎時，我會先引導患者，帶他們離開那些難以放手的依賴症狀。患者會基於各式各樣的理由巴著症狀不放，所以可想而知，他們會拒絕放開那些症狀。為了消除他們的抵抗，「『指示』他們去做某些事」會比精神療法中經常提到的「聆聽並『接受』」或「發揮『同理心』貼近對方」有效得多。

簡單地說，我不僅不去貼近患者，還要找出他們有如盔甲的症狀有什麼弱點；專攻那一點，再教他們更有效的防禦手段，讓他們脫下盔甲。

當然我的態度一定要溫和，因為這麼做，都只是為了讓患者順利地脫離那些症狀。

只要能理解患者心中「不願放開讓自己痛苦的行為」這件事其實自相矛盾、並不合理，再讓原本用盡全力想守住矛盾的患者放鬆下來，我的工作就成功了一半。

身為治療師，我工作時都會考慮到這些。如果患者能知道我的用心，或許多多少少能理解我的所思所想與作為吧。

№ 57

對特定對象的憤怒不斷累積，
就會成為「敵意」。
敵意是一種人際關係的障礙，
且本身就是一種心理障礙。

「憤怒」是很自然的情緒，「敵意」才需要治療

憤怒是任何人都會有的一種生理現象，而且是暫時性的情緒，只要能適當表達，並不會傷害到任何人。

追根究柢，憤怒其實是嬰幼兒表達自己有什麼要求的工具。還不會說話也無法保護自己的嬰幼兒為了滿足自己的要求，除了生氣別無他法；他們哭得面紅耳赤，讓別人知道自己正處於不愉快的狀態，藉此轉換成舒適的狀態。

從不愉快轉換成愉快的狀態，是個體為了維持生命不可或缺的過程；如果感覺不到不愉快的狀態，或即使感覺到也無法表現出來，才是生命的危機。當自己的生命安全受到威脅時，憤怒就會湧上心頭，扭轉危機的狀況，藉此保護

自己，因此人絕對不能沒有憤怒。

打個比方，請想像一下有人感覺不到痛楚，那個人其實處於非常危險的狀態；因為疼痛是活著的證明，正因為還能感到疼痛，我們才能活下去。唯有想方設法避開疼痛、避開飢渴、避開不安，人才能活下去。憤怒即為這種不愉快的感覺之一。倘若感覺不到憤怒，那個人反而處於危險的狀態中。

雖然憤怒是不可或缺的情緒，但憤怒其實也很危險。當我們壓抑憤怒、鬱結於心的時候，就會產生許多問題。例如對特定對象的憤怒如果不斷累積成「敵意」，就成了心病，需要接受治療。

壓抑在心裡的怒氣會以各式各樣的方式扭曲地表現出來，這麼一來將很難與焦慮做出區隔，那不就毫無意義了嗎？焦慮、憤怒、抑鬱會一直持續下去，遲早會催生出依賴症。

幾乎所有依賴的行為都源自於壓抑的憤怒，等於是憤怒的代償。憤怒會轉換成千奇百怪的宣洩方式，其中之一就是依賴症。變成敵意的憤怒如果無法發洩出來就會很痛苦，所以一定要借助某些力量釋放出來。女兒清醒時明明很聽話，喝醉了卻會對父母破口大罵，就是這個原因。但這種溝通絕對沒有好結果，反而會變成人際關係的障礙。

№ 58

如果年輕人會在家裡對父母破口大罵，
不妨讓他徹底憎恨父母一回。

把憤怒與怨恨好好說出來

腦子裡塞滿了對父母的憤怒或怨恨的人，通常都是為了滿足父母的期待，而不斷努力走到今天，如今他們想擺脫這個模式，或是無法再努力了。在無法繼續努力的時候，他們曾苛責自己，甚至想過要自殺，最終對父母的憤怒和怨恨開始源源不絕地湧上心頭。

讓這些人徹底恨透父母有其必要，只不過不能採取過往那種一衝動就對父母惡言相向或摔東西的方法，而是要有系統地重新梳理「自己與父母的相處模式」，再憎恨父母。

這樣的孩子一直以來都將「父母的錯誤」視為理所當然，可是真要向誰說明時，會發現其實很難講得清楚。當他們發現要梳理出頭緒是這麼地困難，為了表達自己的憤怒、不安、絕望，便會開始尋找需要的詞彙。

身為治療師，我會賦予這些人語言、增加他們原有的詞彙，讓他們知道用什麼詞語可以表達自己的憤怒、不安與絕望。

當他們感受到能用語言說明自己與父母的關係是這麼美好，便需要一位好好聽他們說話的人。

這樣的傾聽者並不是要為他們付出的依賴對象。如果傾聽者是他們的依賴對象，最終只會因無法負荷他們的需求，成為新的洩憤人選。這裡需要的傾聽對象是跟自己一樣，認為自己是AC的「同伴」。同伴跟自己一樣無力，除了傾聽以外，什麼也做不了；同伴也不會來找自己，所以如果有需要，勢必得由自己主動出擊。這麼一來，已經閉門不出好幾年的人，也就是繭居的人將出門參加AC的聚會。

順帶一提，AC的概念誕生於一九七〇年代末期，這也是「依賴共生」一詞出現的時候。跟依賴共生一樣，開始使用AC這個單字的人，也是在治療酒精成癮症患者的第一線社工們。從社工們使用Adult Children of Alcoholics這個字眼，對他們產生關注的時刻起，他們也將開始意識到自己是AC的一員。

№ 59

要怎麼解決自己的煩惱，
只有患者知道，而非治療師。

將煩惱說出口就是解決的第一步

各種「治療心靈的方法」，也就是心理療法如今多如恆河沙數，但是我的臨床風格長久以來都沒有太大的變化。舉個例子，催眠、EMDR（眼動減敏與歷程更新療法）、NLP（神經語言程式學）等療法，都被視為治療心理創傷很有效的方法，我本人也對這些療法很感興趣，甚至勸年輕同事們至少要學會其中一項。但我本人還是老樣子，只是專注地傾聽來找我求助的人說話。真要說有什麼不同，以前來找我求助的人幾乎都是酒精成癮症患者及其配偶，現在則也包含幼兒及學童，這或許也可以稱得上有變化。

人類的煩惱如果能說出來，就能靠自己的力量解決，也比較容易借助別人的力量，所以多年來我持續提供當事人可以放心傾訴的地方，跟當事人「開會」。

美國精神科醫生茱蒂絲・赫曼（Judith Herman）以治療創傷倖存者聲名大噪——尤其是兒童期受到性侵的倖存者。她的著作《從創傷到復原》（*Trauma and Recovery*）被翻譯成中文版（施宏達、陳文琪、向淑容譯，左岸文化出版）在日本也成為暢銷書。我有幸與赫曼出席過同一場座談會，當時有人問她：「可以請您說說您的治療方法嗎？」赫曼回答：「Just listening.（只是聆聽而已。）」

無論在哪個國家、用什麼語言工作，倖存者只希望有人關心自己、不帶成見地聽自己說話。所有琳琅滿目的技巧都是奠基於這塊土壤才能開花結果。

不過到頭來，只有患者自己知道該怎麼做才好，治療師能做的只有提出恰當的問題而已，也就是必須「自知無知」，知道自己的極限。這也是之前蔚為流行的敘事治療的基本概念（患者與治療師對話，治療師再引用患者本身說的話，將患者受支配的負面故事重新包裝成肯定故事的手法）。

敘事治療問世以前，我就知道這種療法了。告訴我這種療法的是戒酒協會的成員，他也是之後ＡＡ團體（戒酒無名會）的成員。跟這些人及其家人相處的漫長歲月中，我學到了很多事。

№ 60

只要能向傾聽者適當表達自己的憤怒，
就是解決依賴問題的第一步。
難就難在要先找到願意聽自己說話的人。

練習表達憤怒

向對方表達憤怒並不是一件容易的事，因此我並不贊成一下子就挑戰「直接對惹自己生氣的人表達憤怒」這麼艱鉅的任務。如果你一開始就能直接對惹自己生氣的對象表達憤怒，根本不會產生依賴問題。

第一步應該做的，是擁有可以放心表達憤怒的地方，因此我們需要找到能表達憤怒的對象。最理想的情況是跟立場相同的人交換憤怒。重點在於「交換」，也就是要建立的關係是像「A對B發洩A對家人的怒氣，B對A發洩B對家人的怒氣」。

如果可以好好完成上述作業，人就能慢慢振作起來。因為在表達憤怒的過程中，你會逐漸了解適當表達憤怒的方法。

表達憤怒就像拉扯毛線球，只要能找到線頭，就能陸續抽出毛線。有些子女會對父母讚譽有加，說：「我爸媽是很棒的父母，很了不起的人。」這種人多半深藏著自己的憤怒。如果這樣的人能開始說：「可是啊……」狀況就會好轉。有如骨牌效應般，他們開始能明確表現出具體的怒氣。因此就算擁有可以放心表達憤怒的地方，如果只進行一次，或只是向碰巧遇到的人發牢騷，是不行的。必須擁有一個可以定期聚會的場所，與傾聽者交流情感，視情況也需要適當表現出憤怒，好比「你剛才說的話有點傷害到我」。

只要能做這樣的練習，你就會慢慢發現：「適當表達憤怒，對方也不會因為這樣就離開自己。」如果我們始終不明白這點，就只會以不恰當的方式表達憤怒。

其中一種不恰當表達憤怒的方法就是故態復萌，藉由愚弄對方、令對方感到困擾來吸引對方的注意力。例如把對方耍得團團轉，讓對方一天到晚為自己傷透腦筋，試圖把對方留在自己身邊；或是反過來變得極端客氣，試圖隱藏自己所有的情緒。兩者都是過去父母或夫妻間玩的花樣。這麼一來，治療將停滯不前，離痊癒也愈來愈遠。

為了不變成這樣，請找到願意好好聽自己說話的人。

№ 61

當有人願意認真傾聽，
自己當時說的話便會對自己產生重大的意義。

一場暢所欲言的聚會

名為「敘事治療」的療法，是在患者與治療師交流的過程中，讓彼此對談的故事漸漸發生改變。具體來說，由患者（敘事者）講述問題，治療師則負責傾聽。在反覆進行的過程中，當「含有症狀的字眼」不再具有優勢，患者口中的症狀（問題）便會消融於其他的問題中。在發生這個轉變之前，治療師只要遵守「不知情」原則，靜待患者主動踏上他自己早已知道的解決之道就行了。而所謂不知情原則，就是「解決問題的方法只有患者知道，治療師並不清楚」。

多年來，我持續舉行這樣的聚會。聚會由幾十名當事人構成，並由當事人向其他當事人說出心裡話；不過每次只由想說話的人發言，其他幾十名與會者只要負責聽就行了。假如聚會時間共兩小時，前面的一小時都是想說話的人發言的時間。這是一段「暢所欲言、想聽就聽」的時間，沒有人會對說話的人提意見，也嚴禁告訴別人自己聽到的事。後面的一小時則是討論的時間，我也會加入。如果有需要，我也會解說自己的想法。

我的解說除了回應當事人的故事，還包括解釋專業術語，例如複雜性創傷後壓力症候群（通常發生在出現虐待的家庭，包含創傷後壓力症候群）、邊緣型人格障礙等；有時也需要說明用藥。我也會介入、處理在這個集團中出現的危機，例如：強烈的孤獨感、想死的衝動、自殘行為、慣竊、賣淫、近親相姦的受虐記憶、人格分裂等。

做到這個地步，我想這種聚會應該也稱得上是前面提到的「由敘事治療構成、定期聚會的交流場所」了。

傾聽者在這種聚會中屬於「善意的聽眾」，也就是誠心誠意聽對方傾訴的人。在這些聽眾面前發言，人說出來的話跟自己在家裡講的話是不一樣的，而且倘若有二十位聽眾，也就會有二十種看法。

在這種聚會上講的話，可以大幅改變過去綑綁著自己的諸多價值觀，從而改變說話者的溝通模式。而這種改變，將有望改變說話者與家人之間的關係。

№ 62

每個人都會稍微把現實修改成對自己有利的樣子，
並活在這樣的「精神現實」裡，
這就像一般人不會裸身走在路上一樣。
人們穿上顏色、花紋、剪裁各異的衣服，
並指著身上的衣服稱其為「人格」（personality）。

依賴症是一種心理防衛機制

當焦慮帶來的痛苦愈來愈強烈，人類就很難在這種情況下繼續活下去，這時不是選擇死亡，就是採取讓焦慮變得遲鈍的行為，也就是「心理防衛機制」。

當然，人類無法靠意志力消除泉湧而出的焦慮，於是便下意識掩蓋造成焦慮的現實，對其視而不見，或安上莫名其妙的理由，扭曲事實，好讓焦慮不要浮現在意識裡。

像這樣的防衛機制能幫助大部分人適應環境，不可或缺。人人都有這種防衛機制，但它的運作因人而異，每個人都有一套自己的方法。這就像人會穿上不同的衣服，每個人的防衛機制將形成那個人的「風格／人格」

（personality）。但有些人的衣服特別奇怪，例如穿著太過堅硬、沉重的盔甲，令自己動彈不得。本應該幫助我們活下去的機制，卻反過來讓那個人活得苦不堪言，精神科醫生稱這種狀態為「焦慮症」。

依賴症也是一種心理防衛機制，工作中毒、酒精成癮、飲食障礙都是代表性的例子。不過，任誰都有過工作過頭、喝太多酒、暴飲暴食的經驗，從來沒有利用這些方法消除焦慮的人才是少數吧。

然而，有一部分的人會沉迷於安眠藥、強力膠、鎮靜劑等會對精神帶來變化的藥物。這些藥物能壓抑、隱藏突破心理防衛機制的焦慮，因此一旦養成用藥習慣，就很難擺脫泥沼。大多數藥物成癮的人，都否認自己是為了抑制焦慮才用藥，而是堅稱自己服藥只是為了讓心情變好。然而「心情變好」只能暫時緩和焦慮或緊張而已。

年輕人更容易依賴這種藥物，因為他們很容易感到強烈的焦慮。既沒有勇於面對焦慮的能力，也不具備忍耐的經驗，所以急著想立刻擺脫焦慮，轉而向藥物求助。

以上的防衛機制將迎來毀滅性的結局，所以當出現這種防衛機制，可不能再不以為意地認為「這也是人格特質之一」了。

№ 63

如果想避免依賴行為再度發生，
唯一的方法是善用焦慮的能量。
不妨善用焦慮的能量去「認識別人」。

培養對焦慮的耐受性

有依賴症的人對焦慮的耐受性明顯比別人差，稍微有點爭吵或情緒上的波動就會變成焦慮的源頭，幾乎要撕裂自己。而為了壓抑難以承受的焦慮，就會突然陷入依賴行為，因為他們認定依賴症是唯一能控制焦慮的方法。

聽起來或許很詭異，但即使是旁人看來幾乎是在破壞自己的依賴行為，也有奇效。換言之，依賴症能把幾乎快被強烈的焦慮給撕裂的人拯救出來，脫離精神失去平衡、失常的狀況。代價便是他的身體健康、自尊心、人際關係會慢慢被侵蝕、破壞。總之先保持精神上的平衡，承受壓力，努力地活下去——依賴症患者抱著虛無縹緲的希望，期待只要能活下去，人生或許就會發生什麼可以讓自己更有耐受力的「什麼事情」。

不躲進依賴症裡，而是勇於面對焦慮，一點一滴地實踐自己能克服的方法並不是一件容易的事。即使自己想努力做點什麼，基本上也不太可能成功。戒斷依賴症之後，倘若放任隨之而來的焦慮不處理，遲早會得憂鬱症，有時還會陷入更顯而易見的精神病狀態，這麼一來就又會恢復原本的依賴行為。為了避免淪落到這一步，請務必善用焦慮的能量，讓自己與新的人相遇。

舉例來說，戒酒之後會產生強烈的焦慮，心浮氣躁。以前煩躁的時候，你可能會帶著煩躁的能量跑去喝酒，這次不妨改為參加自助團體的聚會，在那裡說出自己的坐立難安、煩躁、憤怒、焦慮。這麼一來，你就會知道在場的所有人都經歷過跟自己一模一樣的焦慮。在別人眼中看見與自己相同的焦慮，意味著你已經能客觀面對自己的焦慮；本以為自己永遠不可能直視（confrontation）焦慮，在此變為可能。由此可知，認識別人可以緩和對自己的過度專注，從而展開「復原歷程」，對周圍的人表現出更多的關心。同時也能看著同伴勇往直前的身影，並決定自己現在應該先做什麼。

№ 64

成為沒必要買醉的人。

不依賴任何事物，也能保持「原本的自己」

只要能了解你可以對某人發脾氣，清楚地認識「人本來就會生氣，發脾氣是很自然的事」，就不再需要害怕會被別人討厭而勉強自己，或希望得到別人的肯定而對自己有太高的要求。

你也不需要再說謊，過著粉飾太平的生活。這麼一來，別人也不會因為看穿你的謊言而離開你，自然不需要再因此怪罪、苛責自己。酒精成癮症患者也不用再讓別人看見與清醒時判若兩人、喝得爛醉如泥時「不檢點的自己」。換句話說，不用再分開展現「好的自己」與「不行的自己」了。對方也是一樣的。當對方得知心愛的人有好的一面也有壞的一面，雖然仍會憤怒，但也能坦然告訴自己：「這只是我個人的感受。人本來就有很多面相，不需要特地搞分裂。不管是清醒的時候還是喝醉的時候，我都可以對他一視同仁。」

依賴症患者通常會把兩種情緒分開（矛盾心態），將好的（正面）情緒與清醒時的自己畫上等號，喝醉時則表現出壞的（負面）情緒，例如清醒時感謝母親，喝醉時則怪罪母親。話雖如此，清醒時的心情並無虛假，兩種心情都是真的。也就是說，我希望他們能意識到「沒必要買醉的人」，並不代表從醉意中醒來就會變得一板一眼、畏首畏尾，也不用變成那種人。

舉例來說，輸給酒精的依賴症患者很容易想成為「非常好的人」，從那天開始變得深謀遠慮，時時刻刻把「從今以後我要努力做人」掛在嘴邊。

問題是，這根本不是真正的痊癒，只是變成了一個必須更明確表現出正面與負面的人。這種人有時甚至會做出許多壞事，而且不是喝醉的時候，而是在清醒的時候。認識到這點非常重要。

「活出自己想要的樣子，而且不再買醉」，意思並不是要大家戒酒之後都變成聖人君子，而是即使不用喝醉，也能表現出你原本的模樣。

№ 65

變得安靜也是一種成長。

從倖存者到成長者

所謂的倖存者，是指一個人認知到某種情節記憶對自己現在的生活造成了各式各樣的影響，也就是意識到：「我現在之所以是『這個樣子』，是因為心靈受了各式各樣的傷。」至於「這個樣子」是什麼？十之八九都是消極負面的模樣，例如「悲慘的樣子」或「不幸的樣子」，身心都有些狀況。也因為倖存者會將自己過往的人生都歸咎於宿命、命運，並認為旁人都是威脅自己的敵人，所以他們隨時都必須處於備戰狀態，虛張聲勢。結果就是過得孤獨又寂寞。也就是說，倖存者會讓自己活得很艱難。

相對於倖存者，成長者則不會主張自己是「努力活下來」的，能接受自己原本的樣子；他們對自己很寬容，有辦法獨處，即使感覺寂寞也能與寂寞和平相處。成長者的每個決定都是自己的選擇，所以不管發生什麼事，都不會歸咎於宿命。為自己決定的事負起責任來，即使失敗也能享受失敗帶來的教訓。

由此可見，成長者會很安靜。這種人不會來找我求助，所以如果有機會交談，多半是我提出什麼要求。例如：「這次有一場這樣的座談會，可以請你分享自己的經驗嗎？」成長者如果沒有意願，就會斬釘截鐵地說「不」。被拒絕之後，我也只是說聲「好吧」，轉頭再找別人幫忙。希望大部分的患者都能恢復到這個狀態。

人如果不成長，就會希望別人肯定自己的能力，每天把自己的症狀或能力問題掛在嘴邊，「我只能做到這個地步」、「我明明很有天分，卻什麼都做不了，都是因為我有這種病」。他們總有很多話要說，因為無法肯定自己原本的模樣，只好一直說話。

成長者之所以變得安靜，之所以敢說「不」拒絕自己不想做的事，無非是因為人一旦成長，便能開始找出埋藏在憤怒或依賴底下的自我肯定感，並將之培養起來，接受自己原本的模樣。

最終，成長者以讓自己舒服、開心的方式，表達出自己真實的感受、能力或天分。

引用文獻

《アルコール依存症に関する12章─自立へステップ・バイ・ステップ》（酒精成癮症相關十二章——通往自立的每一步），有斐閣新書，No.34

《女らしさの病い─臨床精神医学と女性論》（女人味這種病——臨床精神醫學與女性論），誠信書房，No.2、9、10、14、35

《カナリアの歌─“食”が気になる人たちの手記》（金絲雀之歌——民以「食」為天的手札），どうぶつ社，No.11、42

《児童虐待［危機介入編］》（兒童虐待〔危機介入篇〕），金剛出版，No.12、20、22、23

ヘルスクエスト選書4《アダルト・チャイルドの理解と回復》（成年兒童的理解與復原），有限会社ヘルスワーク協会，No.3、33、58

《依存と虐待》（依存與虐待），日本評論社，No.6、27、28、59

《「家族」はこわい―まだ間にあう父親のあり方講座》（「家人」好可怕——成為還來得及挽救的父親），新潮文庫，No.1、4、5、7、13、15、16、17、18、19、21、25、26、29、30、31、51、53

《知っていますか？アダルト・チルドレン一問一答》（知道嗎？成年兒童一問

一答），解放出版社，No.24

《斎藤学講演集 III 心の傷の癒やしと成長》（齋藤學演講集Ⅲ心靈創傷的療癒與成長），ヘルスワーク協会，No.8、65

《家族パラドクス—アディクション・家族問題・症状に隠された真実》（家庭悖論——藏在成癮、家庭問題、症狀底下的真實），中央法規出版，No.32、37、46、48、52、56

《「家族神話」があなたをしばる 元気になるための家族療法》（別讓「家族神話」綁住你 為了恢復活力的家庭療法），NHK 出版生活人新書，No.36、38、45、47、50、54、55、61

《へんでいい。—「心の病」の患者学》（不一樣又怎樣？「心病」的患者學），大月書店，No.39、40、49
《依存症と家族》（依賴症與家人），学陽書房，No.41、43、44、57、60、62、64

※文獻的排序為出版順序。

國家圖書館出版品預行編目資料

以愛為名的溫柔暴力 / 齋藤學著 ; 賴惠鈴譯. -- 初版. --
臺北市 : 春光出版, 城邦文化事業股份有限公司出版
: 英屬蓋曼群島商家庭傳媒股份有限公司城邦分公
司發行, 2023.03
面 ; 公分. --
ISBN 978-626-7282-03-8 (平裝)

544.014 112001272

以愛爲名的溫柔暴力

原著書名／「愛」という名のやさしい暴力
作　　者／齋藤學
譯　　者／賴惠鈴
企劃選書人／何寧
責任編輯／何寧

版權行政暨數位業務專員／陳玉鈴
資深版權專員／許儀盈
行銷企劃／陳姿億
行銷業務經理／李振東
總　編　輯／王雪莉
發　行　人／何飛鵬
法律顧問／元禾法律事務所　王子文律師
出　　版／春光出版
臺北市 104 中山區民生東路二段 141 號 8 樓
電話：（02）2500-7008　傳真：（02）2502-7676
部落格：http://stareast.pixnet.net/blog　E-mail：stareast_service@cite.com.tw
發　　行／英屬蓋曼群島商家庭傳媒股份有限公司城邦分公司
臺北市中山區民生東路二段 141 號11 樓
書虫客服服務專線：（02）2500-7718 /（02）2500-7719
24小時傳真服務：（02）2500-1990 /（02）2500-1991
服務時間：週一至週五上午9:30～12:00，下午13:30～17:00
郵撥帳號：19863813　戶名：書虫股份有限公司
讀者服務信箱E-mail: service@readingclub.com.tw
歡迎光臨城邦讀書花園 網址：www.cite.com.tw
香港發行所／城邦（香港）出版集團有限公司
香港灣仔駱克道 193 號東超商業中心 1 樓
電話：（852）2508-6231　傳真：（852）2578-9337
E-mail : hkcite@biznetvigator.com
馬新發行所／城邦（馬新）出版集團【Cite (M) Sdn Bhd】
41, Jalan Radin Anum, Bandar Baru Sri Petaling,
57000 Kuala Lumpur, Malaysia.
Tel:（603）90563833 Fax:（603）90576622 E-mail:cite@cite.com.my

封面設計／謝佳穎
內頁排版／邵麗如
印　　刷／高典印刷有限公司

■ 2023 年 3 月 30 日初版一刷
Printed in Taiwan

售價／360元

城邦讀書花園
www.cite.com.tw

Original Japanese title: 'AI' TO IUNANO YASASHII BORYOKU

Original Japanese edition published by Fusosha Publishing, Inc.
Traditional Chinese translation rights arranged with Fusosha Publishing, Inc.
through The English Agency (Japan) Ltd. and AMANN CO., LTD., Taipei

ISBN 978-626-7282-03-8

廣　告　回　函
北區郵政管理登記證
臺北廣字第000791號
郵資已付，免貼郵票

104 臺北市民生東路二段 141 號 11 樓
英屬蓋曼群島商家庭傳媒股份有限公司
城邦分公司

請沿虛線對折，謝謝！

愛情·生活·心靈
閱讀春光，生命從此神采飛揚

春光出版

書號：OK0141	書名：以愛為名的溫柔暴力

請於此處用膠水黏貼

讀者回函卡

謝謝您購買我們出版的書籍！請費心填寫此回函卡，我們將不定期寄上城邦集團最新的出版訊息。亦可掃描 QR CODE，填寫電子版回函卡。

姓名：______________________

性別：☐男　☐女

生日：西元________年________月________日

地址：______________________

聯絡電話：____________ 傳真：____________

E-mail：______________________

職業：☐ 1. 學生 ☐ 2. 軍公教 ☐ 3. 服務 ☐ 4. 金融 ☐ 5. 製造 ☐ 6. 資訊

☐ 7. 傳播 ☐ 8. 自由業 ☐ 9. 農漁牧 ☐ 10. 家管 ☐ 11. 退休

☐ 12. 其他 ______________

您從何種方式得知本書消息？

☐ 1. 書店 ☐ 2. 網路 ☐ 3. 報紙 ☐ 4. 雜誌 ☐ 5. 廣播 ☐ 6. 電視

☐ 7. 親友推薦 ☐ 8. 其他 ______________

您通常以何種方式購書？

☐ 1. 書店 ☐ 2. 網路 ☐ 3. 傳真訂購 ☐ 4. 郵局劃撥 ☐ 5. 其他 ______

您喜歡閱讀哪些類別的書籍？

☐ 1. 財經商業 ☐ 2. 自然科學 ☐ 3. 歷史 ☐ 4. 法律 ☐ 5. 文學

☐ 6. 休閒旅遊 ☐ 7. 小說 ☐ 8. 人物傳記 ☐ 9. 生活、勵志

☐ 10. 其他 ______________

請於此處用膠水黏貼